Couverture inférieure manquante

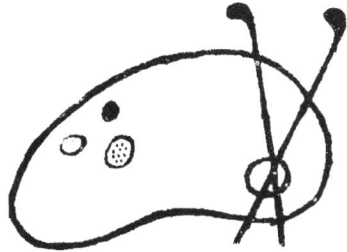

Début d'une série de documents
en couleur

LOUIS DUVAL

DOMFRONT

AUX XIIe ET XIIIe SIÈCLES

LECTURE FAITE A DOMFRONT

Dans la Séance publique, tenue par la Société Historique et
Archéologique de l'Orne,

LE 24 OCTOBRE 1889.

ALENÇON
E. RENAUT-DE BROISE, ÉDITEUR
5, PLACE D'ARMES, 5.

1890

Fin d'une série de documents
en couleur

A M. Léopold Delisle

hommage respectueux

Louis Duval

DOMFRONT

AUX XIIᵉ ET XIIIᵉ SIÈCLES

TYPOGRAPHIE E. RENAUT-DE BROISE

LOUIS DUVAL

DOMFRONT
AUX XIIe ET XIIIe SIÈCLES

LECTURE FAITE A DOMFRONT

Dans la Séance publique, tenue par la Société Historique et Archéologique de l'Orne,

LE 24 OCTOBRE 1889.

ALENÇON

E. RENAUT-DE BROISE, ÉDITEUR

5, PLACE D'ARMES, 5.

1890

Extrait du *Bulletin de la Société Historique et Archéologique de l'Orne.*

DOMFRONT

AUX XIIᵉ ET XIIIᵉ SIÈCLES

Il semble que tout ait été dit sur Domfront et vous vous souvenez qu'à cette même place, il y a cinq ans, aux applaudissements de tous, M. Blanchetière a fait revivre sous vos yeux, dans son appareil formidable, dans les détails caractéristiques de son imposante structure, ce Titan foudroyé qui symbolise en quelque sorte pour nous la puissance et le génie des Talvas. Les poëtes n'ont pas manqué à la vieille forteresse. Vous venez d'entendre M. Florentin Loriot; Chénedollé, Gustave Le Vavasseur, Mᵐᵉ Schalck de La Faverie ont immortalisé ces ruines sur lesquelles s'est appesantie la main de Sulli, plus forte que celle du temps. Les archéologues n'ont-ils donc plus autre chose à faire à Domfront que de se livrer à une contemplation muette ? Nos confrères Jules Appert et H. Sauvage ont répondu d'avance à cette question, en faisant sortir de ce fonds qui semblait épuisé une moisson de faits et de documents inédits du plus grand intérêt.

A mon tour, je me propose, dans le mémoire que j'ai l'honneur de vous soumettre, d'appeler votre attention sur quelques détails nouveaux qu'une étude attentive de textes, pour la plupart depuis longtemps publiés, permet de rapporter à l'histoire d'une forteresse qui occupe une place si considérable dans nos annales.

On sait qu'en 1092, les habitants de Domfront voulant se soustraire à la domination de leur seigneur direct, Robert de

1

Bellème, chargèrent l'un d'entre eux, nommé Harcher, de se rendre auprès de Henri, le plus jeune des fils du Conquérant, alors à Paris (1), pour l'inviter à prendre possession de leur ville. On sait aussi qu'en entrant dans les murs de Domfront, Henri s'engagea par serment à ne jamais abandonner les bourgeois à une autre puissance que la sienne et à ne rien changer à leurs lois et à leurs coutumes. Il est incontestable que ce fait a une importance capitale dans l'histoire de Domfront et qu'on peut le considérer comme la première étape vers la conquête de ces libertés, que les bourgeois de Domfront surent arracher à leurs différents maîtres et défendre avec une énergie si remarquable.

Domfront fut ainsi, comme l'a dit M. Blanchetière, « le premier des degrés qui, un jour, par un coup imprévu de la fortune, élevèrent Henri au trône d'Angleterre. » Il fit de ce château son séjour de prédilection, et c'est de là, qu'étendant pied à pied sa domination, il réussit à se faire une souveraineté indépendante. Il y entretenait une garnison de soldats bretons (2) et son frère, le roi d'Angleterre, ne tarda pas à en prendre ombrage. Dès l'année 1094 (3), Guillaume-le-Roux lui envoya à Domfront un messager pour lui intimer l'ordre de se trouver à Londres, auprès de lui, pour les fêtes de Noël. Quant à Robert, son autre frère, duc de Normandie, son autorité était à peu près nominale (4).

A la mort de Guillaume-le-Roux, Henri, devenu roi d'Angleterre, n'oublia pas Domfront ni les promesses faites aux bourgeois, dans le traité qu'il conclut, en 1101, avec le duc Robert,

(1) Anno ab incarnatione Domini M° XC° II°, indictione XV, Henricus, Guillelmi regis filias, Damfrontem oppidum, auxilio Dei suffragioque amicorum, obtinuit et inde fortiter hereditarium jus calumniari sategit (Orderic Vital, t. III, p. 384).

(2) Britones transmarinos quos adolescens vicinos castellis suis Damfronto et Monti Sancti Michælis vicinos habuerat, pecuniis ad auxilium traducebat (Ex Willelmi Malmesburiensis, de rebus gestis Anglorum, apud D. Bouquet, t. XIII, p. 13).

(3) Ann. 1094. Rex vero Willelmus mandavit Henrico fratri suo, qui erat apud Damfrunt ut esset in Natali contra eum in Anglia. Henricus ergo in Natali fuit apud Londinium, rex vero apud Withsand, unde appulit Doroberniam (Ex Will. Malmesb., ibid., p. 31. — Interea rex accersivit fratrem suum Henricum qui fuit in castello apud Damfront (Ex chron. Anglo-Saxonico, ibid., p. 56.)

(4) Henricus, frater ducis, Damfrontem, fortissimum castrum, possidebat, et magnam partem Neustriæ sibi, favore vel armis subegerat, fratrique suo ad libitum suum, nec aliter, obsecundabat (Orderic Vital, Hist. eccles., t. III, p. 475, ad ann. 1096.

par lequel il lui abandonnait toute la Normandie, et Orderic Vital (1) a soin de nous apprendre qu'il se réserva expressément cette forteresse à la possession de laquelle il attachait, avec raison, la plus grande importance.

En 1104, le nouveau roi ayant passé en Normandie avec une flotte nombreuse visita, en grand appareil, Domfront et les autres places qui lui appartenaient (2). Il fut reçu avec de grands honneurs par les seigneurs normands, et on lui offrit de magnifiques présents comme à un roi.

On sait qu'après avoir paru se reconcilier avec son frère, Henri descendit l'année suivante, en Normandie, avec une armée, et qu'en 1106, dans une seconde campagne, il lui livra une bataille décisive à Tinchebrai et le fit prisonnier. C'est ici que se place un épisode qui nous permet de pénétrer un instant dans ce redoutable fort dans lequel, à cette époque, il n'était pas facile d'entrer et non moins difficile de sortir.

Parmi les nombreux prisonniers faits par les chevaliers du roi d'Angleterre, dans ces guerres, se trouvait un vassal de l'abbaye de Saint-Evroul, nommé Rualent, qui fut écroué au château de Domfront. On n'a pas de peine à s'imaginer que la condition des prisonniers de guerre, à cette époque, était loin d'être douce ; souvent même ils étaient exposés aux plus mauvais traitements, suivant le trouvère qui nous a laissé une traduction en vers de la Vie de saint Evroul :

> Et batu furent comme viautres
> Et menèrent vie mult dure.

Cependant, s'il faut en croire le même trouvère, un grand feu était allumé, en hiver, dans la vaste salle où les prisonniers étaient renfermés. Or, sur le soir, comme Rualent, à moitié endormi près de la cheminée, se lamentait sur son sort, il eut l'idée d'invoquer saint Evroul qu'il avait bien servi toute sa vie. Il lui sembla alors qu'un inconnu le prenait par la main et l'entraînait hors de la salle. Était-ce un rêve ? Était-il éveillé ? Il ne s'en rendit pas bien compte alors. Il avait peine à marcher, car lorsqu'on l'avait pris, il était rudement tombé du haut de sa jument et en était encore tout recru. D'ailleurs, pouvait-il avoir

(1) Ibid., t. IV, p. 114.
(2) Ibid, t. IV, p. 199.

quelqu'espoir d'échapper ? Il était sans lumière, il ne connaissait pas les issues, les geôliers veillaient et, s'ils le trouvaient en train de chercher à s'évader, ils le traiteraient encore plus durement. De plus, il savait trop bien que lorsqu'on l'avait enfermé, on avait eu soin de fermer sur lui les portes à double tour. Cependant il s'avance, plein de confiance en Dieu et en saint Evroul, et parvient ainsi à une poterne donnant sur le jardin du château. Il essaie de l'ouvrir, et sous sa main la serrure tombe avec son verrou ; il passe ainsi sans obstacle dans le jardin, à l'issue duquel il trouve :

> De chevaliers grant compagnie,
> Donc tendit sez bras et s'écrie :
> « Sainx Evrous, daigne me mener
> « Et à sauveté assener. »

Pieds nus et enveloppé d'un vieux drap, il passe à travers la troupe des chevaliers sans qu'ils fassent attention à lui. Le chevalier qui l'a fait prisonnier ne le remarque pas plus que les autres. Il s'échappe donc à travers champs et se jette dans une touffe de bois. De ce refuge, il voit passer à côté de lui le chevalier qui l'avait pris. Celui-ci s'adressant à des bouviers qui allaient labourer, leur demande s'ils n'ont pas aperçu un prisonnier qui s'échappait, promettant de leur donner trois sous s'ils l'aident à le retrouver. Mais ces braves paysans, chez qui la pitié était plus forte que l'appât du gain, gardent le silence, de sorte que le fugitif, à moitié mort, tout brisé :

> De paor s'en va, eins en l'oure,
> En son pais (pas ne demoure)
> O l'aie Dieu qu'il pria
> Et saint Evroul où se fia (1).

Tel est le récit du trouvère. Maintenant il nous faut revenir aux chroniqueurs et passer de la légende à une nomenclature sèche et aride de faits et de dates appartenant aux annales domfrontaines.

En 1123, suivant Robert du Mont, le roi Henri Ier fit faire de grands travaux à ses châteaux de Domfront, d'Ambrières et de

---

(1) La Vie de saint Evroul en vers français du XIIe siècle, par l'abbé J.-B. Blin, *Bulletin de la Société Historique et Archéologique de l'Orne.* — Orderic Vital, édition A. Leprévost, III, 383, — et t V, 181 (Miraculum sancti Ebrulfi). Dans ces deux textes latins, le personnage en question est désigné sous le nom de **Rualedus.**

Gisors. M. Blanchetière suppose même que c'est à cette époque que fut creusé le fossé destiné à isoler la forteresse de la ville.

A la mort de Henri Ier, en 1135, Guigan Algason avait le commandement des places d'Argentan, Exmes et Domfront, en qualité de vicomte. Au mois de décembre de cette année, il les remit à Mathilde (1), fille et héritière du roi d'Angleterre et mariée en secondes noces à Geoffroi, comte d'Anjou, surnommé Plantagenet. Mathilde confia la garde des châteaux de Domfront et d'Argentan à Ingelger de Bohon (2) et à Alexandre de Bohon, son frère. La défense des châteaux d'Ambrières, de Gorron et de Châtillon-sur-Colmont fut confiée par elle à Juhel de Mayenne, qui s'engagea à l'aider à faire prévaloir ses droits sur la couronne d'Angleterre et sur la Normandie (3).

Sous les successeurs de Henri Ier, Domfront conserva le caractère d'un domaine privé des rois d'Angleterre. Après Mathilde, il fut donné en douaire, avec Falaise et Bonneville-sur-Touque, par son fils Henri II à Aliénor d'Aquitaine, qu'il épousa le 18 mai 1152. Quelque temps après, par une charte datée d'Argentan, dans laquelle figure comme témoin Philippe, évêque de Bayeux, mort au mois de février 1163 (4), Henri II promit aux

(1) In prima decembris septimana Mathildem Guigan Algaso ut naturalem dominam suscepit eique Argentomum, Oximos et Damfronten., alineque quibus ut vice comes, jubente rege præerat, oppida subegit (Orderic Vital, t. V, p. 56, 57). — Obtinuit tamen ipsa Damfrontem et Argentomagum et Oximum, castella sui patris et alia tria, silicet Colmiæ Montem et Gorram et Ambreras, quæ interim concessit Juhello de Meduana (Guill. de Jumièges, ap. D. Bouquet, t. XIII, p. 583).

(2) Recueil des Historiens de France, t. XII, p. 331. — Dans les rôles de l'Echiquier de 1187, il est fait mention d'un fief qui avait appartenu à Ingelger de Bohon (Mém. de la Société des Antiquaires de Normandie, 2ᵉ série, t. V, p. 12).

(3) Audito morte regis Henrici, comes Andegavensis et uxor ejus Mathildis, filia ejusdem regis, absque ulla difficultate, castella Normanniæ obtinuerant, videlicet Damfrontem, Argentomagum, Oximum, Ambreras, Gorram, Colmiæ Montem. Ista tria ultimo nominata interim comes concessit Gihello de Meduana, hac conditione ut ipse eum fideliter adjuvaret... (Ex Roberti de Monte, apud. D. Bouquet, t. XIII, p. 287). — Consul vero Andegavensis Gaufridus, contractis viribus Normanniam, ut filii sui hæreditatem vendicet, ingreditur; Argentomagum et Damfrontum, non sine discerminis difficultate captos, Ingelgerio de Bohon et Alexandro duobus fratribus commendavit (Ex Joannis monachi Majoris Monasterii Historia Gauffredi ducis Normannorum, ibid., t. XII, d. 581).

(4) Signalée par M. L. Delisle, Bibl. de l'Ecole des chartes, 1848-1849, p. 264, nᵒ 1. Cette charte a été publiée par M. J. Appert, dans son mémoire sur les Franchises des bourgeois de Domfront. — Nous disons que cette charte est postérieure à 1157, parce que c'est à cette date seulement que Thomas Becket fut nommé chancelier.

bourgeois de Domfront, comme l'avait fait son aïeul, de leur assurer la libre jouissance de leurs coutumes, dans toute l'étendue des terres, domaines, ports et mers soumis à son autorité, et fixa à 10 livres l'amende de ceux qui les troubleraient dans la jouissance de ce privilége.

C'est à Domfront que la reine Aliénor mit au monde, le 13 octobre 1163, sa fille aînée, qui fut baptisée par Henri de Pilet, cardinal et légat du Saint-Siége, et nommée Aliénor par ses parrains, Achard, évêque d'Avranches et Robert, abbé du Mont-Saint-Michel (1).

En 1169 eut lieu, à Domfront, une grande réunion de barons et de prélats, présidée par le roi d'Angleterre, mais pour un objet bien différent. Il était alors au plus fort de la lutte qu'il avait engagée depuis plusieurs années contre l'archevêque de Cantorbéri, Thomas Becket, défenseur inflexible des droits de son église. De nouveaux négociateurs, Gratien, neveu du pape Eugène IV et Vivien, archidiacre d'Orvieto, avaient été envoyés par le Saint-Siége auprès de Henri II, pour proposer un accord sur des bases nettement déterminées. Les lettres des légats furent remises au roi à Argentan, le 13 août 1169. Après en avoir pris lecture, le roi parut quelque peu ému et le lendemain envoya Renault, archidiacre de Salisburi et Jean d'Oxenford, doyen de la même église, à la rencontre des légats. Ceux-ci arrivèrent le 23 août, à Domfront, où le roi s'était rendu pour chasser dans la forêt.

A l'approche des envoyés du Saint-Siége, deux familiers du roi, Geoffroi Ridel et Néel de Sacqueville, tous deux excommuniés comme ayant pris part aux démêlés du roi avec l'archevêque, s'enfuirent précipitamment de Domfront. Sur le soir, le roi étant revenu de la forêt se rendit directement au logis où étaient descendus les légats. Il les salua avec toutes sortes d'honneurs et de marques de déférence, et pendant qu'il leur parlait,

(1) Regina Alienor apud Domnumfrontem filiam peperit, quam Henricus, presbyter cardinalis et legatus Romanæ ecclesiæ baptisavit et Achardus, episcopus Abrincensis et Robertus, abbas Sancti Michælis de periculo maris. cum aliis multis de fonte susceperunt, et vocata est Alienor, de nomine matris suæ (Ex Roberti de Monte, ap. D. Bouquet, t. XIII, p. 306, ann. 1161). — Raoul de Dicet fait naître à Rouen cette princesse : Anno Domini MCLXII, Anglorum regina filiam peperit apud Rotomagum, cui nomen suum imposuit et vocavit Alienor (Ibid., p. 186). — Moreri, art. Angleterre.

debout sous le porche de la maison, son second fils, Henri au
Court-Mantel, arriva suivi d'une troupe joyeuse de pages et de
veneurs sonnant du cor pour annoncer la prise du cerf. Le roi
interrompant brusquement l'entretien avec les légats, alla aux
chasseurs, les complimenta et dit qu'il leur faisait présent de la
bête. L'audience fut remise au lendemain, et dès six heures du
matin le roi se rendit au logis des légats et entra avec eux dans
une chambre où se trouvaient Froger, évêque de Sées et Etienne,
évêque de Rennes.

Quelques instants après, le doyen et l'archidiacre de Salisburi
furent introduits, avec Ranulfe, archidiacre de Landaff. La conférence dura jusqu'à la neuvième heure, tantôt sur le ton d'une
conversation amicale, tantôt sur celui de la dispute et d'une
façon confuse. Le but du roi était d'obtenir l'absolution des clercs
excommuniés, sans qu'ils fussent obligés de prêter le serment de
ne jamais se séparer du Saint-Siége. L. déclin du jour arrivait
sans que les négociations parussent avancer. Enfin, le roi irrité
de la résistance qu'il rencontrait, sortit de la conférence, très ému
et se plaignant hautement de ce que le pape n'avait jamais voulu
entendre à aucune de ses demandes : « Par les yeux de Dieu !
je saurai bien m'y prendre autrement, » s'écria-t-il d'un air de
défi.

L'archidiacre d'Orvieto lui répondit fort doucement : « Sire,
les menaces sont inutiles, car nous sommes les représentants
d'une cour qui a coutume de faire la loi aux rois et aux empe-
reurs. »

Tous les barons, tous les moines blancs et presque tous les
clercs de la chapelle du roi, présents à Domfront furent alors con-
voqués pour former une espèce de parlement, et le roi s'adressant
à l'assemblée la pria de vouloir bien se souvenir en temps oppor-
tun, de tout ce qu'il avait offert au pape : la restitution de l'arche-
vêché de Cantorbéri et le rétablissement de la paix de l'église. Il
parut ensuite s'apaiser un peu, et prenant congé des légats, il
leur promit   leur donner une réponse définitive dans la hui-
taine. Cette seconde conférence eut lieu à Bayeux, le 31
août 1169 (1).

(1) Thomæ Cantuariensi archiespiscopo, quidam amicus. In die Assumptionis,
beatæ Mariæ, apud Argenteum perlatæ sunt literæ domini Papæ ex parte nunciorum, et perlectis illis satis turbatus est Rex. Crastina die misit obviam nuncios

L'année suivante, à peu près à la même époque (vers la saint-Laurent, qui tombe le 10 août), le roi d'Angleterre tomba subitement malade à peu de distance de Domfront, au château de la Motte-en-Ger (1). Il se crut à l'extrémité ; le bruit de sa mort fut

decanum Saresberiensem et Reginaldum archidiaconum. In vigilia beati Bartholomæi venerunt nuncii ad *Damfront* : adventum quorum cum audisset Gaufredus 'hidel et Nigellus de Sacravilla, exierunt de *Damfront* cum subita festinatione. Quare exierint, vobis satis notum est. Ipsa die, cum jam sero factum esset, venit Rex de nemore, et divertit ad hospitium nunciorum priusquam ad suum, et eos cum multo honore et reverentia et humilitate suscepit et salutavit. Et dum stans adhuc cum eis loqueretur, ecce ad ostium ejusdem hospitii venit dominus Henricus, filius Regis, et multi pueri, cum eo, unusquisque cum cornu venatorio buccinantes, sicut solet, de captione cervi quem tum eis donavit : quod fecerunt ut audiret hospes. En ad populum phaleras. Crastina autem die circa horam primam venit Rex ad hospitium nunciorum, et intraverunt eum. eo cameram Sagiensis et Redonensis episcopi. Post aliquam moram admissi sunt Joannes decanus Saresberiensis, et Reginaldus archidiaconus, et paulo post archidiaconus Landavensis ; et stantes usque ad horam nonam colloquebantur, aliquando in pace, aliquando autem, in rixa et tumultu. Intentio domini Regis fuit, quod clerici excommunicati non jurarent. Aliquantulum ante occasum solis exiit Rex, multum iratus, conquerens graviter de domino Papa, quod nunquam in aliquo audierit eum ; et cum quadam contumacia dixit Rex : « Per oculos Dei, ego faciam aliud. » Et Gratianus graciose respondit : « Domine noli minari. Nos enim nullas minas timemus ; quia de tali curia sumus, quæ consuevit imperare Imperatoribus et Regibus. » Tunc convocati sunt omnes barones et monachi, albi qui præsentes erant, et omnes fere de capella ; et dominus Rex rogavit, ut tempore opportuno testificarentur pro eo, quanta et qualia obtulerat. restitutionem scilicet archiepiscopatus et pacis. In fine visus est aliquantulum pacificatus ab eis discedere. et certæ responsionis diem, diem assignavit octavam................................

Pridie calendas septembris, Bajoci obtulerunt nuncii domino Regi, literas domini Papæ, precatorias de restitutione vestra et de pace. (Epistolæ S. Thomæ, Cantuar archiep. apud D. Bouquet, t. XVI, p. 370).

L'analyse qu'Augustin Thierry a donnée de cette curieuse lettre, dans son *Histoire de la conquête d'Angleterre*, t. II, p. 448-449, renferme plusieurs inexactitudes. Les citations même ne sont pas toujours conformes au texte. Ainsi au lieu de *venit rex de nemore*, il a *venit rex de clamore.*

(1) Ger, canton de Barenton (Manche), faisait partie du domaine des comtes de Mortain et avait une certaine importance au point de vue stratégique. Un des villages s'appelle les *Echauguettes.*

Le nom de Motte-en-Ger (*Motager* ou *Motanger*) se trouve dans la charte de confirmation des biens du prieuré du Plessis-Grimoult donnée par le roi Henri II, de 1161 à 1189 (*Mém. de la Soc. des Ant. de Norm.*, t. XV, p. 95, col. 1.) — M. l'abbé Dumaine a reproduit le même texte dans *Tinchebray et sa région*, t. I, p. 507, mais en écrivant *Mortager* au lieu de *Motager*, comme l'avait fait Léchaudé d'Anisy.

Ce nom a également embarrassé M. Sauvage (*Revue historique, archéologique et monumentale de l'arrondissement de Mortain*, 1881. « Nous croyons, dit-il, qu'une mauvaise lecture a peut-être fait substituer le mot Motager et Motanger à celui de Saint-Martin-de-Ger. » Le même auteur ajoute plus loin : « Les faits historiques pouvant rattacher cette paroisse à l'histoire générale du pays sont absolu-

même répandu en France, et ce qui put contribuer à accréditer ce bruit, c'est qu'il fit alors le partage de son empire entre ses enfants (1).

Il est constant que le roi Henri II visita souvent Domfront. On en trouve de nouvelles preuves dans les rôles de l'Échiquier de l'année 1180 et des années suivantes.

Renier le Tailleur était alors prévôt de Domfront. Dans son compte de 1180, il porte au chapitre de la dépense quatre articles mentionnant des sommes importantes employées, par ordre écrit du roi, à la construction de la chambre haute du château de Domfront (2) :

1°	77 l.		22 d.
2°	29 l.	14 sous	12 d.
3°		67 sous	1 d.
4°	40 l.		

Total... 146 livres, 81 sous, 33 den.

Dans le compte de la même année on trouve encore portée en dépense, à la décharge du même prévôt, une somme de 72 livres 10 sous, employée par ordre écrit du roi pour les travaux du château et des maisons de Domfront (3).

ment défaut. » On voit au contraire que c'est à la Motte-en-Ger que le roi Henri II, tombé subitement malade, régla le partage de ses biens entre ses fils. C'est un épisode important à ajouter à l'histoire de cette localité à laquelle M. Sauvage a consacré une notice.

Une charte de Henri II, en faveur de l'abbaye de Lonlai, datée de la Motte-en-Ger, doit être rapportée à l'année 1170. — On possède la copie d'une autre charte de Henri II en faveur de la même abbaye, datée de Domfront, sans indication de l'année de son règne. (Archives de l'Orne, *Inventaire, série H*, p. 94, art 462.)

(1) Ann 1170... Rediit rex in Normanniam et circa festum sancti Laurentii ad Motam-Gerni, quæ parum distat a Damnifronte, et ibi in gravem incidit infirmitatem, ita quod dicebatur per regnum Galliæ quod mortuus esset. Et ibi divisit regnum suum et terras suas filiis suis. (Ex Bened. Petroburg. abb. de *Vita et gestis Henrici II*, apud D. Bouquet, t. XI-I, p. 143.)

Mense septembri, rex Henricus infirmatus est penè usque ad mortem apud Motam de Ger (Ex Roberti de Monte , apud D. Bouquet, *Appendice ad Sigebertum* t. XIII, p. 314.)

(2) Reinerus Tallaator reddit compotum...

In facienda alta camera castri de Danfront, 77 lib. 22 den. per brevem Regis.
In operatione prædicte camere 29 lib. 14 sol. 10 den. per idem brevem.
In operationibus predicte camere, 67 sol. et 1 den., per idem brevem
In operationibus predicte camere, 40 lib. per idem brevem.

(*Magni rotuli Scaccarii Normanniæ, sub regibus Angliæ*. (Publié dans les *Mém. de la Société des Antiquaires de Normandie*, 2ᵉ série, t. V, p. 9, col. 2.)

(3) Reinero Tailliatori, ad operationes castri et domorum de Danfront, 12 lib. 10 sol. per idem brevem (ibid).

Pour se rendre compte de l'importance de ces travaux, il faut savoir que les revenus de la prévôté de Domfront, alors affermés à Ernaud et à Hugue Cantel et à leurs associés, ne rapportaient en tout que 240 livres.

A la même date le traitement du portier de la tour était de 4 livres 10 sous par an (1).

La même année le roi fit conduire d'Angers à Argentan et d'Argentan dans ses châteaux de Bures, de Caen, de Valognes, de Cherbourg, de Tinchebrai, de Domfront, de Mortain, de Gorron et de Falaise trente-quatre tonneaux de vin d'Anjou. Le transport de ces vins coûta 55 livres 4 sous (2).

La chronique de Benoît de Péterburg nous apprend que le roi Henri II passa les fêtes de Noël à Domfront, en l'année 1185 (3).

Le roi Richard Cœur-de-Lion qui, comme tous les Plantagenets, occupe une place distinguée dans l'histoire de l'architecture militaire, ne pouvait manquer d'apprécier comme eux l'importance d'une place telle que Domfront. On cite plusieurs chartes de lui, datées de cette ville (4), qui prouvent que comme ses prédécesseurs il y séjourna fréquemment. Au milieu de son expédition en Terre-Sainte, lorsqu'il assigna un douaire à la reine Bérengère, sa femme, par acte daté de Limisso (Turquie d'Asie), l'ancienne Amathonte, le 12 mai 1191, il eut soin de comprendre Domfront parmi ces domaines. Mais la vieille reine Aliénor, veuve de Henri II, continua d'en jouir jusqu'à sa mort, arrivée en 1204.

Quoique le roi Richard ait été séparé des siens pendant sa captivité, il paraît résulter d'un passage des rôles de l'Échiquier de Normandie qu'il avait ramené d'Orient plusieurs Sarrasins attachés à sa personne. En effet, dans le compte de l'Échiquier

(1) Portario turris, 4 lib. 10 sol. de libero statu (ibid). Le même article de dépense est reproduit plus loin dans le compte de 1195 (ibid., p. 61, col. 1.)

(2) Ibid., p. 13, col. 1.

(3) Anno MCLXXXVI. Henricus, rex Angliæ, moram faciens in Normannia, tenuit festum solemne die Nativitatis dominicæ quæ quartâ feriâ evenit, apud Dampnifrontem, quo peracto approximante etiam Quadragesimali tempore, ipse et Philippus rex Franciæ fœdus dilectionis et pacem inter eos servandam fide et sacramentis confirmaverunt apud Gisortium (Historiens de France, t. XVII, p. 466.)

(4) Léchaudé d'Anisy (Catalogue des Archives départementales du Calvados, t. I, p. 3, Abbaye d'Ardennes, nos 69, 70), cite deux chartes de Richard Cœur-de-Lion, du 7 et du 9 avril, datées de Domfront mais sans indication d'année. — M. Blanchetière (Bulletin de la Société Historique et Archéologique de l'Orne, t. III, p. 337, en cite une autre du 19 avril, également datée de Domfront.

de 1195, Robert le Moine, qui avait remplacé René le Tailleur comme prévôt de Domfront, porte en dépense une somme de 109 livres 6 sous payée aux Sarrasins logés à Domfront, par ordre du roi d'Angleterre, pour leur entretien depuis le lundi avant la Saint-Michel (8 mai), jusqu'au lundi après la Saint-Gilles (1er septembre), c'est-à-dire pendant environ quatre mois. Celui qui avait été chargé de les conduire à Domfront, par ordre du roi, Renaud Cruicte, reçut comme indemnité 4 livres 4 sous. Une somme de 50 sous fut en outre payée à Gibelin le Sarrasin pour le payement de son cheval. Enfin, immédiatement à la suite de cet article, se trouve mentionnée une autre somme de 8 livres 18 sous 9 deniers, employée en achat de robes pour les Sarrasins (1).

Rien d'étonnant à ce que Richard, pendant son séjour en Orient, se soit attaché quelques gens du pays. On sait assez qu'il eut de nombreux rapports avec les Musulmans et que ses ennemis étayèrent là-dessus de graves accusations contre lui. Mais pourquoi assigna-t-il aux Sarrasins, comme résidence momentanée, la ville de Domfront? C'est ce qu'il ne nous paraît pas facile de déterminer.

Nous serait-il permis de hasarder une conjecture? Les historiens rapportent que Philippe-Auguste, dans le but de donner plus de poids aux accusations odieuses qu'il ne cessait de répandre contre son rival, affecta un jour qu'il était à se divertir à Pontoise, d'en partir précipitamment et de rentrer dans Paris en disant qu'il venait de recevoir des lettres venues d'outre-mer, dans lesquelles on l'avertissait que le roi d'Angleterre avait soudoyé des sicaires, affiliés à la secte de *Hassassis* ou assassins pour le poignarder à l'improviste. Cette odieuse invention avait pour origine les bruits relatifs à l'assassinat du marquis de Montferrat, tué effectivement au milieu des siens, par deux sectaires du Vieux de la Montagne, bruits que l'empereur d'Allemagne ne

---

(1) In liberatione Saracenorum morantium apud Danfront, per preceptum regis, a die lune proxima prius festum prius festum sancti Michaelis usque de die lune prius festum sancti Egidii, 109 lib. 6 sol. per brev. regis.

In liberatione Reginaldi Cruiete qui adduxit Saracenos de 57 s' diebus 4 lib. 4 sol., per idem brev.

Gibelino Saraceno in solta parte equi sui, 50 sol., per idem brev.

In robis prædictorum Saracenorum 8 lib. 18 sol. 9 den., per idem brev.

(*Mém. de la Soc. des Ant. de Norm.*, 2e série, t. V, p. 68, col. 1 et 2.)

craignit pas de produire contre Richard, son prisonnier, dans l'assemblée de Worms.

Philippe-Auguste montra ces prétendues lettres à ses barons, dont pas un ne mit en doute leur authenticité.

Le roi d'Angleterre ne crut pas devoir laisser sans réponse ces fausses lettres dans lesquelles on l'accusait d'avoir fait un pacte homicide avec le chef des Hassassis, et il ne se fit pas scrupule de recourir au même procédé de polémique, fréquent au Moyen-Age dans les démêlés entre les souverains. Il produisit une prétendue lettre autographe du Vieux de la Montagne, scellée de son sceau et écrite en caractères hébraïques, grecs et latins, datée du château de Messiac, l'an 1515 de l'ère d'Alexandre le-Grand, et contenant une protestation formelle contre les accusations dont le roi Richard avait été l'objet. Cet instrument diplomatique, unique dans son espèce, fut publié officiellement en 1195, par Richard de Longchamps, chancelier d'Angleterre, et envoyé à tous les princes chrétiens. « Sa fausseté manifeste, dit Augustin Thierry, ne fut point remarquée dans un siècle où la critique historique et la connaissance des mœurs orientales étaient peu répandues en Europe. Elle affaiblit même, à ce qu'il semble, l'effet moral des imputations du roi de France parmi ses propres vassaux, et encouragea ceux du roi d'Angleterre à mieux combattre, pour une cause qu'ils croyaient être la bonne (1). »

Or, pour fabriquer une pièce de cette importance, pour lui donner une apparence d'authenticité, pour graver un sceau imitant, tant bien que mal, celui du Vieux de la Montagne, il est évident que l'on dut requérir de préférence l'habileté d'hommes versés dans la connaissance de l'écriture et des usages de l'Orient. Il fallait aussi des gens sûrs et dont l'indiscrétion ne fût pas à craindre. Or, qui convenait mieux pour cette besogne que les Sarrasins internés pendant quelque temps cette même année 1195, au château de Domfront? Ceci n'est évidemment qu'une supposition gratuite, mais n'a-t-elle pas au moins quelque degré de vraisemblance? La coïncidence nous paraît, en tous cas, assez singulière pour piquer la curiosité et pour provoquer peut-être la discussion.

(1) *Histoire de la conquête d'Angleterre par les Normands*, t. III, p. 255-256.

La présence de Richard Cœur-de-Lion à Domfront et celle de la reine Aliénor, sa mère, sont attestées par deux articles des comptes de 1195 et de 1198. Dans le premier figure en dépense une somme de 445 livres 4 sous 5 deniers remise au ro dans sa chambre à Domfront, par les mains de Brice, son chambellan (1). Dans le second figurent : 1° Une somme de 235 livres 19 sous 2 deniers (2) ; 2° Une somme de 21 sous (3) ; 3° Une somme de 100 livres (4) ; 4° Une somme de 100 sous 5 deniers (5) ; 5° Une somme de 7 livres 3 sous 3 deniers, versées à la reine Aliénor par Robert le Saussier, alors prévôt de Domfront, en vertu de mandats du roi (6).

Total : 342 livres 143 sous 5 deniers pour l'année 1198.

Ces versements successifs indiquent évidemment que la vieille reine fit en 1198 un séjour prolongé à Domfront, et le peu d'importance de chacune des sommes qui lui furent successivement versées semble prouver qu'elle eut alors à satisfaire des besoins pressants d'argent qui s'expliquent par son goût connu pour le luxe et pour les dépenses de fantaisie. Au reste ce besoin d'argent paraît s'être fait sentir pour le roi lui-même, car cette même année il emprunta 30 livres de trois bourgeois de Domfront (7), à savoir Thibaud Pikene, Robert Bretel, depuis maire de Domfront (8), et Robert Harchier, ce dernier mentionné dans le même compte comme receveur des droits supplémentaires sur le vin vendu à Domfront (9).

(1) Domino regi, in camera sua, 445 lib. 4 sol. 5 den., per Bricium camerarium, per brev. regis (Ibid., p. 68, col. 2.)

(2) Regine Alienor, 235 lib. 19 sol. 2 den., par brev. regis (Ibid., t. VI, p. 25, col. 2.)

(3) Regine Alienor, 21 sol. (Ibid.)

(4) Regine Alienor 100 l.b. (Ibid.)

(5) Regine Alienor 100 sol. 5 den. (Ibid., p. 26, col. 1.)

(6) Regine Alienor 7 lib. 3 sol. 3 den. (Ibid.)

(7) Idem reddit compotum de emprunto facto in ballia de Damfront, scilicet : de Tiebaldo Pikene, 10 lib. De Roberto Bretel, 10 lib. De Roberto Harchier, 10 lib. (Ibid., p. 26, col. 2.)

(8) C'est à tort que Caillebotte et les historiens de Domfront ont donné à Robert Bretel le titre de gouverneur de Domfront. M. Appert a publié, d'après une copie moderne, une charte du commencement du XIIIᵉ siècle, extraite du Cartulaire de l'abbaye de Lonlai, dans laquelle figurent comme témoins : « Theb. Pigne (probablement Th. Pikene) et Rob. Bretel, majore et cunctis eschevis. » (Bulletin de la Soc. hist. et arch. de l'Orne, t. I', p. 22.)

(9) Robertus Harchier reddit compotum, de 40 sol. pro vino supervendito. Suivant Du Cange, la survente (supervenda) était un droit accessoire payé au bailli ou au maire en sus du droit dû au seigneur.

La même année les bourgeois de Domfront eurent à payer une taille de 300 livres (1) et les habitants de la baillie de Domfront une taille de 175 pour l'entretien de sergents sur les frontières du pays (2).

En 1195 et en 1198 diverses sommes furent employées en travaux de construction ou de réparation :

1° Une somme de 6 livres 6 deniers pour les travaux du château (3).

2° Une somme de 20 livres pour les maisons du château et du pont de Domfront (4).

Les ducs de Normandie, rois d'Angleterre, avaient coutume de passer dans les principaux châteaux de leur vaste empire, entourés de leurs chevaliers, les grandes fêtes chrétiennes de Noël et de Pâques, et ils aimaient à déployer dans ces circonstances tout l'éclat de la majesté royale. On a vu plus haut que Henri II, en 1185, passa dans sa ville de Domfront les fêtes de Noël où il semble même avoir séjourné quelque temps. Nous y trouvons également en 1198, trois mois avant sa mort, le roi Richard, à l'occasion de la même solennité qui, cette année, comme en 1185 tombait un mercredi. C'est de là que le roi d'Angleterre partit pour une conférence que lui avait demandée Philippe-Auguste et qui eut lieu sur les bords de la Seine, entre les Andelis et Vernon, le 14 janvier, Richard, comme les anciens rois de la mer, ses ancêtres, affectant de rester sur son navire et refusant de descendre à terre, de sorte que le roi de France, pour lui parler, dut faire approcher son cheval sur la rive (5).

(1) Robertus le Sansier reddit compotum de 300 lib. de tailliago facto in villa de Danfront, per preceptum regis. In thesauro 150. lib. et debet 150 lib. que remanent super homines ville. (Ibid., p. 79, col. 1 et 2.)

(2) Item reddit compotum de 175 lib. de tallagio facto in ballia de Danfront ad tenendum servientes in marchia. (Ibid., p. 26, col. 2.

(3) In operacione castri de Danfront, 6 lib. 6 den., per idem brev. (Id., t. VI, p. 68, col. 2.)

(4) In domibus castri reparandis et ponte de Danfront, 20 lib., per brev. regis. (Id., t. VI, p. 25, col. 2.)

(5) Anno gratiæ millesimo centesimo nonagesimo nono, qui est annus decimus et ultimus regni Richardi, regis Angliæ, fait idem Richardus in Normannia apud Danfront, die nativitatis Domini, quæ feria quarta evenit, et Philippus rex Franciae fuit eadem die in Normannia apud Vernun. Reges vero Franciae et Angliæ convenerunt ad colloquium inter Andeli et Vernun, in festo B. Hilarii, ita quod rex Angliæ illuc venit ascendendo per Sequanam fluvium et nolens in terram ascendere, de nave locutus est cum rege Franciae, qui, in ripa fluminis in equo residens

Jean Sans-Terre, comte de Mortain, le fils préféré de la vieille Aliénor, ayant été proclamé roi à la mort de Richard Cœur-de-Lion, signala son séjour à Domfront, en 1200, par un acte qui donne une idée de son caractère et de ce qu'on pouvait attendre de son règne. Par une charte datée de Domfront, la deuxième année de son règne, il donna à Guillaume Picolf, son fou (*Willelmo Picolf, follo nostro*), à perpétuité, pour lui et ses descendants, le fief de Fontaine-Osanne avec ses dépendances, tenu nuement du roi, à titre de fief de petite seigenterie, à la charge de lui faire tous les ans l'office de fou, pendant toute sa vie, et pour ses héritiers, après sa mort, moyennant une redevance annuelle d'une paire d'éperons dorés.

Jean Sans-Terre ne borna pas à cette donation ses libéralités à l'égard de celui qui avait la charge de l'entretenir en belle humeur. Par une autre charte de la même époque, mais datée de Coutances, il donne à Guillaume Picolf et à Geoffroi, fils de ce dernier, la terre de Champeaux près de la forêt de Passais, faisant partie du domaine royal, plus le domaine du Ménil de l'Oisellerie, en la paroisse de Lengreville et ses dépendances, avec tous les honneurs et privilèges qui y sont attachés, le tout mouvant directement de la couronne, à la charge pour le donataire et pour ses hoirs d'offrir, tous les ans à la Saint-Michel, une paire d'éperons dorés et à Noël un présent d'oiseaux de rivière (1).

Il nous paraît évident que ces largesses inconsidérées qui mettaient un simple bouffon presque sur le même pied que les possesseurs de fiefs nobles, durent être fort mal vues par les chevaliers sans glèbe qui, depuis les Croisades, étaient devenus nombreux.

La lutte inévitable qui fit passer la Normandie des mains de l'indigne successeur de Richard Cœur-de-Lion dans celles de Phi-

---

loquebatur eum rege Angliæ, ore ad Rogeri de Hoveden *Annalium pars posterior*, p. 449 (Londini, G. Bishop, 1596. in-f° — *Historiens de France*, t. xvii, p. 594)

Tout récemment, dans son étude sur le *Voyage de saint Hugues, évêque de Lincoln*, à travers le Maine et l'Anjou en 1199, publiée dans la *Revue de l'Anjou* (t. xix', D. Piolin a rappelé le séjour de Richard Cœur-de-Lion à Domfront et les circonstances de la mort tragique qui vint le frapper sous les murs de Châlus, D. Piolin nous apprend que Richard qui ne s'était pas approché des sacrements depuis sept ans, c'est-à-dire depuis son séjour en Orient, reçut avant de mourir le saint viatique après avoir obtenu l'absolution.

(1) *Magni rotuli*, p. 93 — *Lettres des rois et reines*, 1, 16 — Briquigny n'a pu déterminer la situation de ces localités i trouve un Champeaux dans la commune de Saint-Fraimbaut-sur-Pisse

lippe-Auguste, a laissé des traces nombreuses dans les documents Domfrontais. Le 10 juin 1202, quatrième année de son règne, le roi Jean Sans-Terre manda à Guillaume le Gras (Crassus) d'employer 100 livres angevines à l'approvisionnement du château de Domfront, et 100 livres pour la construction de tourelles et de *hourdis* (retranchements en terre et en pierres), sous la direction et avec le contrôle de l'abbé de Lonlai. Par le même mandement le roi donnait à Guillaume le Gras, pour récompenser et stimuler son zèle, le fief Baudet, situé sur le territoire de Saint-Mars-d'Égrenne (1).

On peut s'étonner de voir confiées à l'un des principaux dignitaires ecclésiastiques de la région (2) ces fonctions d'ingénieur militaire et de conducteur des travaux, que les besoins urgents de la défense déterminèrent le roi d'Angleterre à faire exécuter à Domfront. Mais au Moyen-Age il n'était pas rare de voir les hommes à la tête de riches et importantes abbayes, telles que Lonlai, faire preuves de connaissances remarquables, comme architectes et comme constructeurs d'églises ou même d'édifices civils ou militaires. Il ne faut pas oublier qu'à cette époque la plupart des abbayes étaient fortifiées, de même qu'un grand nombre d'églises qui, en temps de guerre, servaient de lieu de refuge pour les populations.

Le 24 février 1203, le roi d'Angleterre manda à Raoul de Sunieri d'emprunter 200 livres angevines aux juifs de Domfront

(1) Rex, etc. Willelmo Crasso, etc. Mandamus vobis quod, de 200 lib. andegav. quas habetis, 100 lib. ponatis in warnisione castri de Danfront et 100 lib. in operationibus turrellorum et hurleiciis, per visum et testimonium abbatis de Langelay, et volumus quod habeatis feodum Baudet, quod est in ballivia vestra. Teste me ipso, apud Aurivall, 16e die junii, (*Ibid.*, t. V, p. 107, col 1.)

(2) L'abbé de Lonlai, à cette époque, était Jean II, qui le 8 février 1198 fut témoin d'une charte, donnée à Tinchebrai, par Jean Sans-Terre, comte de Mortain, en faveur de l'abbaye de Blanche-Lande (Gustave Dupont, *Le Cotentin et ses Iles*, t. II, p. 439, pièces justificatives, n° 42). En 1204, le même abbé fut témoin d'une charte donnée à Savigni, en faveur de cette abbaye (Hauréau, *Gallia Christiana*, t. XIV, p. 494, col. 2).

C'est donc à tort que M. Sauvage, dans sa Notice sur *Notre-Dame de Lonlay* fait honneur à Guillaume II, successeur de Jean II, des lettres du roi Jean-Sans-Terre, datées de Sainte-Mère-Eglise, le 25 novembre 1203 par lesquelles l'abbaye de Lonlai fut maintenue en possession des moulins de Domfront. Il faut remarquer d'ailleurs que cette charte, publiée dans les *Rotuli Normaniae* (*Antiq. de Norm.*, 2e série, t. V, p. 128-129) ne porte pas le nom de l'abbé à la sollicitation duquel elle fut concédée. Guillaume II n'a pas été connu de M. Hauréau, comme abbé de Lonlai, avant 1200 (*Gallia Chrisl.* XIV, 494).

et d'en employer la moitié à la paye des chevaliers et des sergents qui tenaient garnison dans le château, et l'autre moitié aux travaux de défense de cette place, toujours sous le contrôle de l'abbé de Lonlai et du clerc de Robert de Vieux-Pont (1). Ce mandat fut délivré à Rouen, en présence de Guillaume de Briouze qui, en 1202, avait fait prisonnier Arthur, duc de Bretagne, et qui le remit alors au roi Jean (2).

M. Léopold Delisle, dans son savant livre sur la *Condition de la classe agricole en Normandie au Moyen-Age*, a montré qu'à cette époque les juifs étaient nombreux (3) et en possession de la plus grande partie des capitaux qui circulaient dans le pays. Notre éminent confrère cite une vingtaine de seigneurs qui, à cette époque, étaient les débiteurs des juifs pour des sommes importantes, et qui se trouvèrent libérés, sans bourse délier, par suite du procédé commode imaginé par le roi Jean Sans-Terre pour récompenser les services de ceux qui lui restaient fidèles. Ce prince peu scrupuleux et à bout d'expédients, pour se procurer des ressources, trouva tout simple de se substituer lui-même aux droits des juifs dont il était censé être le protecteur, pour les créances qu'ils avaient sur les chrétiens, et il put ainsi remettre généreusement à ces derniers tout ou partie de leurs dettes. Les juifs qui comme ceux de Domfront avaient en outre prêté de l'argent au roi d'Angleterre se virent ainsi doublement rançonnés.

Le 25 février de la même année, le roi d'Angleterre étant encore à Rouen, octroya aux bourgeois de Domfront et très probablement moyennant une grosse finance, une charte de commune, semblable à celle qu'avaient obtenue les bourgeois de Falaise, le 5 du même mois. La commune de Domfront, il est

<hr>

(1) Rex, etc. Radulfo de Sumeri, etc. Mandamus vobis quod capiatis a Judeis de Danfront 200 lib. andegav. et de 100 lib. pacetis liberaciones militum et servientum nostrorum, et alias 100 lib. ponatis *in* operacionibus castri nostri, per visum abbatis de Lunglay et clerici R. de Veteri Ponte. Teste Willemo de Braosa, apud Rothomagum, 24 die februarii. (Id., t. V, p. 116, col. 2.)

(2) Gaston Dubois, Recherches sur la Vie de Guillaume des Roches (*Bibliothèque de l'École des Chartes*, t. XXXII, p. 139).

(3) On trouve des juifs à cette époque à Alençon, à Sées, à Argentan, à Exmes, à Trun, et jusque dans des paroisses rurales comme Saint-Céneri, Silli, etc. V. Léchandé d'Anisy, *Magni-Rotuli*, table. — Odo'ant Desnos, *Mémoires historiques sur la ville d'Alençon*, t. II, p. 406, 440. — Léopold Delisle, *Etudes sur la condition de la classe agricole en Normandie au Moyen-Age*, p. 196.

2

vrai, ne paraît avoir eu qu'une existence éphémère et n'avoir pas
survécu à la conquête de la Normandie par Philippe-Auguste.
Mais l'on doit à M. Jules Appert la découverte du nom du maire
de Domfront à cette époque, Robert Bretel, qui, avec tous ses
échevins, fut témoin d'une donation faite entre 1203 et 1204 à
l'abbaye de Lonlai par Jean de Domfront (1.

Jean Sans-Terre qui, depuis le 7 mars était parti de Rouen,
avait successivement visité Moulineaux-sur-Seine, Pont-Audemer,
Bonneville-sur-Touque et Argentan. De cette dernière ville il
adressa au sénéchal de Normandie, le 14 mars, un mandat par
lequel il lui ordonnait de faire délivrer à R..., connétable de
Domfront, cent livres angevines pour les travaux du château (2).
Domfront, on le voit, était la préoccupation constante du roi
d'Angleterre ou plutôt de ses meilleurs conseillers, et c'était sans
doute autour de cette place qu'ils comptaient concentrer la résistance, si Jean Sans-Terre n'eût lui-même lâchement abandonné
les Normands qui lui étaient restés fidèles.

Cependant les événements se précipitaient avec rapidité et
l'armée de Philippe-Auguste approchait. Le 16 avril 1203, Jean
Sans-Terre manda encore au sénéchal de Normandie de faire
remettre une somme de 30 livres à Thomas Malfilastre, chargé
de tenir garnison au château de Domfront avec une compagnie
d'hommes d'armes, pour son service (3). Ce prince séjourna une
dernière fois à Domfront, du 18 au 21 novembre (4) de cette
année où il se vit contraint d'abandonner la Normandie à
Philippe-Auguste.

Les bourgeois de Domfront restèrent-ils jusqu'à la fin inébran-
lablement attachés à la fortune du roi Anglo-Normand qui,
comme ses ancêtres, avait toujours montré qu'il regardait cette
place comme une des plus précieuses de ses états ? C'est ce qu'il
nous est impossible d'affirmer. Il ne semble pas que les libertés

(1) Jules Appert, les *Franchises des bourgeois de Domfront*, p. 31 et 33. —
Madox, *The history of the Exchequer*, London, 1711, p. 364, p. 2.

(2) *Mém. de la Soc. des Ant. de Norm.*, 2ᵉ série, t. V, p. 118.

(3) Rex, etc., Senescallo Normanie, etc. Mandamus vobis quod faciatis habere
Thome Malfilastre 30 lib. andegav. ad opus suum et sociorum suorum, ad meran-
dum in castro nostro de Danfront, in servicio nostro. Teste P. de Pratellis, apud
Bonam Villam, 16ᵉ die aprilis. (Id., t. V, p. 120, col. 1.)

(4) Apud Danfrontem, 18ᵉ die novembris. Per P. de Rupibus... Danfront, 21ᵉ die
novembris... (Ibid., p. 28, col. 2.)

municipales, octroyées par Jean Sans-Terre aux habitants de Domfront, aient survécu à ce prince. M. Jules Appert, dans son mémoire sur les *Franchises des bourgeois de Domfront*, paraît disposé à admettre, pour expliquer ce fait, que les Domfrontais « animés par un aussi vif désir de conserver leur commune que leurs voisins de Falaise, auraient alors montré moins d'adresse. » Cette supposition ingénieuse n'a rien d'improbable, et malheureusement l'absence ue tout document ancien aux archives municipales de Domfront offre un vaste champ aux conjectures.

Ce qui est certain, c'est que Philippe-Auguste ne vint pas en personne prendre possession de la forteresse de Domfront. Il résulte de l'examen du tableau des séjours de Philippe-Auguste que, du 1er novembre 1203 au 24 avril 1204, le roi de France résida habituellement à Paris, Pacy, Evreux, Mantes et Vernon et qu'il ne se remit en campagne que vers le commencement de mai 1204, où il prit, presque sans coup férir, Argentan, Falaise et Saint-Pierre-sur-Dive. Il faut donc regarder comme absolument apocryphe cette prétendue lettre, « dabtée du camp de Damfront, l'an 1203, » adressée par Philippe-Auguste à Gauthier, fils de Galleran, qui alors, suivant la généalogie des seigneurs de la Ferrière, « estoit dans Damfront et le gardoit pour le duc de Normandie, par laquelle le roy l'invite à luy rendre le chasteau de Damfront qu'il assiégeoit, où il est porté que le roy le prend à sauveté, envers et contre tous, à la charge audit de la Ferrière d'estre son fidelle et loyal servitteur (1). »

Gabriel Du Moulin, dans son *Histoire générale de Normandie*, rapporte bien, après Rigord et les *Chroniques de Saint-Denis*, que « Falaize, Domfront et toutes les places voisines, venues en la puissance d'Auguste. presque sans peine et sans perte, ce glorieux vainqueur porta ses armes devant la ville de Caen, » mais il ajoute quelques lignes plus loin, que Philippe, averti des ravages qus les soldats de Jean Sans-Terre faisaient aux environs de Dol, envoya contre eux Gui de Touars, accompagné de Renaud, comte de Boulogne, et de Guillaume des

---

(1) Une copie de ce document curieux existe aux Archives de l'Orne (F. 28). Il est mentionné dans le *Catalogue des manuscrits conservés dans les dépôts d'Archives départementales, communales .t hospitalières*. Paris, Plon, 1886, p. 239. — On en trouve des extraits dans le *Dictionnaire du Maine* de Le Paige et dans le mémoire de M. Appert sur les *Franchises des bourgeois de Domfront*.

Barres. « Ils partirent de Caen, passèrent par Domfront, qu'ils *avaient pris en allant à Mortain*, et s'avancèrent à grandes journées pour joindre les Anglais, qui se retirèrent dans les vaisseaux qu'ils tenoient à Cancale. »

Au reste les opérations militaires, en ce qui concerne Domfront, paraissent avoir été singulièrement facilitées par le traité que Philippe-Auguste, non moins habile comme diplomate que comme homme de guerre, conclut alors avec la reine Bérengère, veuve de Richard Cœur-de-Lion. A la mort de la vieille reine Aliénor, qui expira le 31 mars 1204, Bérengère était entrée en possession du douaire qui lui avait été assigné par Richard Cœur-de-Lion en 1191. Philippe-Auguste sut profiter habilement de cette circonstance favorable. Par acte daté de Paris, après le 25 avril 1204, la reine Bérengère abandonna à Philippe-Auguste les droits de douaire qu'elle avait à Falaise, à Domfront et à Bonneville-sur-Touque. En échange le roi de France lui donna la ville du Mans (1).

Une enquête fut faite alors sur la valeur des domaines cédés par la reine Bérengère. Des jurés spéciaux furent désignés pour chacune des villes de Falaise, de Domfront et de Bonneville-sur-Touque. Pour Domfront, les jurés furent choisis parmi les bourgeois, et les noms de quelques-uns d'entre eux nous sont déjà connus : Jean Bornouf ou Burnouf (2), Thibaud Pikene (3), Robert de Trel, Robert Orchiel, Renaud le Villain (4), Hugues le Roux, Guillaume de Baudreel, Jean Duparc, Robert le Vilain, Raoul d'Enée, Evrard Le Mercier, Guillaume Nourri, Raoul Plantoul, Gervais Guenche (5).

---

(1) Léopold Delisle, *Catalogue des actes de Philippe-Auguste*, n° 803. — *Cartulaire Normand*, n° 110.

(2) V. plus haut, p. 542.

(3) Dans le rôle de l'Échiquier de 1180, Girard Burnouf (*Burnufti, Bornulfi*) est porté comme débiteur de 500 livres sur l'ancienne ferme de Mortain et de Domfront. Dans le même compte Robert de Cambrai est inscrit comme débiteur d'une somme de 45 livres, pour la ferme de la terre de Girard Burnouf, probablement mise en la main du roi. (*Mém. de la Soc. des Ant. de Norm.*), 2° série, t. VI, p. 9, col. 2.)

(4) Ce nom apparaît fréquemment dans les documents de cette époque.

(5) Ce personnage figure dans le rôle de l'Échiquier de 1195 (*Mém. de la Soc. des Ant. de Norm.*, 2° série, t. V, p. 68, col. 2), dans une charte de Robert de la Motte en faveur de l'abbaye de Fontenai et dans celle de Jean de Domfront en faveur de l'abbaye de Lonlai, citées par M. Appert dans son mémoire sur les *Franchises des bourgeois de Domfront*.

Cette enquête établit qu'à l'époque où le roi Richard était parti pour la croisade, en 1190, la prévôté de Domfront, non compris le plaid de l'Épée, les forêts, les *échoites* (biens dévolus au seigneur), les moulins et le domaine de Fontaine-Ozanne, donné en fief par Jean Sans-Terre à Guillaume Picolf, comme on l'a vu, valait 180 livres, somme que touchait la reine Aliénor, déduction faite de 4 livres 10 sols dus au portier de la tour (1).

Cette enquête paraît avoir été faite consciencieusement et M. Léopold Delisle en a vérifié l'exactitude. Cependant il fait remarquer qu'en 1195, il fut compté des revenus de cette prévôté à l'Échiquier, sans qu'on sache pourquoi, et que l'on voit par ce rôle que Robert le Moine en jouissait moyennant 266 livres 13 sous 4 deniers de ferme. On lit dans ce même rôle que la reine Aliénor jouissait des marais de Domfront, ce qui semble indiquer qu'elle n'était pas en possession des revenus des autres parties de ce domaine.

Philippe-Auguste ne paraît pas avoir attaché la même importance que les rois Anglo-Normands à la possession du château et du domaine de Domfront, car on voit qu'il s'en dessaisit dès le mois de décembre 1204. Par un acte, daté de Paris, il céda en échange du château et de la châtellenie de Mortemer, à Renaud, comte de Boulogne, qui comme on l'a vu, avait avec Gui de Thouars, reçu la soumission de cette place : 1° le château d'Aumale, avec ses dépendances ; 2° Saint-Riquier ; 3° le château de Domfront ; 4° la forêt d'Andaine (2). Le roi de France eut soin de faire souscrire au comte de Boulogne l'engagement de ne pas mettre en cause et de ne pas attaquer Juhel de Mayenne sans son consentement (3). C'est à la même époque que le comté de Boulogne fut mis par le roi en possession du comté de Mortain (4).

(1) À raison de l'importance de cette enquête, je crois utile d'en reproduire le texte :

« Inquisitio de valore reddituum Danfrontis qui reddebantur dicte regine, quando rex Richardus ivit ultra mare, quam hii juraverunt : Johannes Bornold, Teobaldus Pisene, Robertus de Trei, Robertus Orchiel, Renaudus Villani, Hugo Rufus, Guillelmus de Baudreel, Johannes Parci, Robertus Villani, Radulfus de Eneia, Evrardus Mercurius, Guillelmus Nutritus, Radulfus Plantul, Gervasius Guenche. Isti juratores dicunt quod prepositura Danfront, sine placito ensis et forestis et eschaetis et molendinis et Fonte-Osanne, valebat ad diem quo rex Richardus ivit ultra mare, IXxx libras, que dicte regine veteri reddebantur, exceptis IIII libris et dimidia que janitori Danfront reddebantur. » (Id., t. V, n° 111).

(2) Léopold Delisle, *Catalogue des actes de Philippe-Auguste*, n°° 883 et 884. — *Cartulaire Normand*, n°° 93, 94.

(3) *Ibid.*, n° 883. — *Cartulaire Normand*, p. 285 et n° 94.

(4) *Ibid.*, n° 885. — *Cartulaire Normand*, p. 18, n° 107.

Les précautions qu'avait prises Philippe-Auguste pour s'assurer de la fidélité du nouveau seigneur de Domfront n'étaient pas inutiles. Renaud de Dammartin ne tarda pas, en effet, à chercher querelle à Philippe de Dreux, évêque de Beauvais, cousin-germain du roi, auquel il enleva une forteresse nouvellement construite en la forêt de *Halmes*, sous prétexte qu'elle pouvait nuire à la comtesse de Clermont, sa parente. Là ne se bornèrent pas les griefs du roi de France contre le comte de Boulogne. Il faut citer les *Chroniques de Saint-Denis* :

« Li Rois avoit soupeçoneus le devant dit conte Renaut, non
« mie tant seulement pour ce contenz, mais pour ce que il avoit
« garni un trop fort chastel en la marche de Normandie et de la
« petite Bretagne, si un apelez Moretuel (1), et pour ce que il
« envoioit ses messages à Othon qui Empereor ot esté, et au roi
« Jehan d'Angleterre, si com l'on disoit, au grief du Roi et du
« roiaume. Por ce li requist li Rois que il li rendist ses forte-
« reces, selonc les droiz et les costumes du pais. Li cuens ne se
« vost acorder en nule manière à ceste chose, et li Rois assembla
« son ost pour ce chastel assieger, qui estoit si forz et de muraille
« et de siège naturel que il sembloit que il ne peust estre pris en
« nule guise (si disoit l'en que l'en i seroit avant sept ans). Mais
« li Rois fist ses engins drecier et fist assalir por grant force por
« trois jors et por trois nuiz. Au quart jor fist pris contre l'oppi-
« nion de toz, bien le fist garnir de sa gent, et puis fist conduire
« ses oz en la contée de Bouloigne.

« Bien sot li cuens Renaut que il ne porroit contrester à la
« force le Roi. Pour ce lessa tote la contée de Boloigne et totes
« les fortereces à Monseigneur Looys, de cui il les tenoit en fié,
» et li Rois sesi d'autre part toute la contée de Dammartin, de
« *Moretuel* (Mortain) et d'*Aubemarle* (Aumale) de *Boneille*
« (Lillebonne) et de Damfront et totes les apartenances que cil
« cuens Renaut tenoit por le don et por la grâce du Roi. Après
« qu'il ot insi perdües totes ses contées, il se départi du roiaume
« et s'en ala au conte de Bar, son cousin » (2).

(1) Mortain.

(2) Historiens de France, t. XVII, p. 399, A. — Ce passage des *Chroniques de Saint-Denis* est d'ailleurs une traduction de la Chronique de Guillaume le Breton, *De gestis Philippi Augusti*, publiée dans le même volume, p. 86, C. C'est à tort que Louis Dubois, dans le Mémoire sur le comté de Mortain qu'il a inséré dans ses *Recherches de la Normandie* (p. 165), attribue à l'historien Rigord, le passage de Guillaume le Breton que nous citons.

Ces événements rapportés à l'année 1212 par Guillaume le
Breton et par les *Chroniques de Saint-Denis*, auraient eu lieu
en 1211 suivant la Chronique de Rouen *(Chronic. Rothomag.)*,
publiée par le P. Labbé. Cette dernière date, suivie par Louis
Dubois et par les historiens de Domfront, nous paraît pouvoir
être adoptée. Ce qui semble l'autoriser, c'est qu'au milieu de
l'année 1211 et même probablement au mois de septembre, suivant M. Léopold Delisle, le roi Philippe-Auguste a laissé un
monument authentique de son passage à Domfront. Par un acte
daté de cette ville, le roi de France donna des hôtes, de la terre
labourable et un vivier sis *apud Lebesium* (1), à Juhel de
Mayenne, son fidèle vassal (2).

Nous sommes forcé de nous arrêter ici un instant pour discu-
ter l'attribution faite à notre Domfront-en-Passais, par Bry de la
Clergerie, d'une charte de féauté de l'année 1210. La critique de
ce document présente quelques difficultés. Bry de la Clergerie le
cite comme un des nombreux traités au moyen desquels Philippe-
Auguste opéra la réunion des comtés d'Alençon et du Perche à
la couronne, et l'historiographe Pierre Dupuy, avec lequel il
était en relations, paraît avoir adopté cette opinion *(Droits du
Roy*, p. 688, c. 1), suivie également par notre savant maître
M. Léopold Delisle (3).

« Les droicts de ceste réünion, tant pour Alençon que pour le
« Perche sont obscurs. Voicy néanmoins ce que j'en trouve par
« tiltres, car aucune histoire n'en parle, sinon que Philippe-
« Auguste conquit ce comté avec la Normandie, ce qui est trop
« général. Le premier est pour Damfront, lequel avoit esté de
« longue antiquité en la maison de Bellesme, aussi bien qu'Alen-
« çon, mais en avoit esté distrait vers l'an 1090 que les subjects
« avoient secoüé le joug de leurs seigneurs légitimes, et avoit
« tousjours depuis esté possédé à part.

« *Ego Radulphus, vice comes Bellimontis, notum facio universis ad quos presentes litteræ pervenerint quod ego domino*

(1) Peut-être s'agit-il ici de la paroisse de Lesbois, canton de Gorron (Mayenne),
qui autrefois faisait partie du doyenné de Passais et de l'élection de Mayenne et
était mixte entre la Normandie et le Maine.
(2) *Catalogue des actes de Ph.-Aug.*, n° 1270 et t. CVIII (Tableau chron. des
séjours de Ph.-Aug.)
(3) *Cart. Norm.* n° 178, p. 29 et 297. — *Catalogue des actes de Ph.-Aug.*, n° 1222,
p. 281.

meo Philippo, illustri Francorum regi et hæredibus ejus quittavi in perpetuum Damfrontem cum omnibus pertinentiis ... Actum Parisius, anno Domini M° CC° decimo, mense julio (1). »

Malheureusement, en faisant usage de ce document, Bry de la Clergerie n'a pu se départir de la préoccupation constante qui l'a poursuivi dans tout le cours de son *Histoire des comtez d'Alençon et du Perche* et qui consiste à vouloir prouver que les seigneurs de Bellême ont possédé au moins une partie du Perche, en même temps et au même titre que les Rotrous. Ce parti-pris ôte à sa critique beaucoup d'autorité lorsqu'il s'agit de documents relatifs à la mouvance féodale du Perche.

Il paraît constant (2) qu'une part fut attribuée à Raoul de Beaumont dans le partage du comté du Perche et qu'il fut reconnu comme ayant des droits sur le troisième lot, ainsi que Guillaume de Beaumont, évêque d'Angers, son frère (3). Mais ces liens de parenté avec les comtes du Perche n'expliquent nullement quoi qu'en dise Bry de la Clergerie, comment le vicomte de Beaumont-sur-Sarthe pouvait avoir des droits sur Domfront et de qui il les tenait. On serait même tenté de supposer qu'il s'agirait peut-être ici d'un autre Domfront, de Domfront-en-Champagne, où l'on remarque une sorte de motte ou de tumulus à laquelle on donne le nom de *butte du château* ou de *camp de César.* La question nous paraît valoir la peine d'être étudiée par nos voisins du Maine qui sont beaucoup plus à même que nous de l'étudier.

En tous cas les droits que le vicomte de Beaumont pouvait avoir eus à la possession de quelque partie du domaine de la capitale du Passais, n'empêchèrent pas Philippe-Auguste d'en disposer en faveur de son fils Philippe, surnommé Hurepel, fiancé, dès 1201, étant encore au berceau, à Mahaud, fille de Renaud de Dammartin et d'Ide, comtesse de Boulogne. Son mariage lui assurait tous les domaines de son beau-père qui, d'ailleurs, fut déchu de toutes ses possessions vers 1214, à la suite de sa révolte contre Philippe-Auguste. Il est douteux que dès

(1) *Histoire des comtez d'Alençon et du Perche,* livre IV, p. 232.

(2) Olivier de Romanet, *Géographie et topographie féodales du Perche. École nationale des chartes, Positions des thèses,* 1887, p. 103-115. — Bry de la Clergerie, p. 232.

(3) Hauréau, *Gallia christiana,* t. XIV, col. 572, f.

cette époque le fils du roi de France, alors âgé de quatorze ou quinze ans et armé chevalier seulement en 1222 (1) ait été saisi réellement du château et du domaine de Domfro..t, comme l'affirment les historiens locaux. Il est assez présumable que cette prise de possession n'eut lieu qu'à l'époque où, par un acte sans date, mais du commencement de l'année 1223, ce prince fît hommage à Philippe-Auguste, son père, des biens qu'il possédait dans la baillie de Miles de Lévis, c'estt-à-dire en Basse-Normandie (2). Il résulte, d'ailleurs, d'une des clauses de cet acte que Philippe Hurepel était dès lors en possession du château de Domfront ; car il y reconnaît que le roi s'est réservé la garde des forteresses de Gavrai et de Mortain et lui a, en outre, imposé certaines conditions qu'il s'engage à remplir fidèlement.

Philippe Hurepel qui, à la mort de Philippe-Auguste, arrivée au mois d'août 1223, avait pris le titre de comte de Boulogne fit au mois de février 1224, un traité avec le roi Louis VIII, son frère. Il y déclare que celui-ci avait ratifié la donation que lui avait faite Philippe-Auguste, du comté de Mortain, de Domfront-en-Passais et de la terre de Cotentin, avec le droit de haute justice et dont il avait rendu hommage. Ces possessions avaient été estimées à 8,000 livres parisis de rente. Louis VIII se réserva, comme son père, la forteresse de Mortain et lui donna, en échange du Cotentin, le comté de Clermont, un quartier de Dammartin et le comté d'Aumale, à l'exception du château de Mortain que son beau-père avait échangé contre Domfront, et de quelques autres possessions situées dans le Ponthieu et dans la Haute-Normandie. Cet acte, dont il est inutile de donner les stipulations étrangères à l'histoire de Domfront, fut fait à Melun (3).

Par un autre acte du mois de février 1224, fait à Paris, Philippe, désormais comte de Boulogne et de Dammartin, reconnut que le roi, en ce qui concernait les domaines de Normandie, s'était réservé le recouvrement des sommes dues à ses

---

(1) Léopold Delisle, Recherches sur les comtes de Dammartin an XIIIᵉ siècle (*Mémoires de la Société des Antiquaires de France*, t XXXI, p. 139-258).

(2) *Cart. Norm.*, p 305, nᵒ 1121. — *Catalogue des actes de Ph.-Aug*, p. 473, nᵒ 2158.

(3) *Cart. Norm..*, nᵒˢ 319 et 320 p. 47. — *Layettes du Trésor des chartes*, t. II, nᵒ 1629.

juifs. Nous avons vu plus haut que plusieurs juifs jouissant d'une fortune importante, habitaient Domfront à cette époque (1).

A l'Échiquier de Pâques de la même année, tenu à Caen, Philippe Hurepel souleva une question intéressante, relative à la mouvance féodale de la châtellenie de Domfront. Il prétendait rattacher à cette châtellenie la baronnie de La Ferté-Macé et exiger l'hommage du seigneur qui tenait ce fief important. Les jurés qui furent chargés de faire une enquête à ce sujet furent Fouque Paynel, Robert de Courci, Guillaume du Merle, Fouque d'Aunou, Roger de Lignou, Guillaume de Vieux-Pont, Guillaume Dodeman, Raoul de Saint-André, Robert de Saint-Hilaire, Robert de Pointel, Robert de Moulineaux, Robert Goude et Hugues de Durcet. Ils déclarèrent que La Ferté-Macé et ses dépendances étaient une baronnie relevant directement du roi, que le baron qui tenait ce fief devait le service d'un chevalier lorsqu'il en était requis par le roi et que jamais le comte de Mortain n'avait eu l'hommage du seigneur de La Ferté-Macé (2).

Le 4 septembre 1226, Philippe, comte de Boulogne, seigneur de Domfront, exigea de Gervais, nouvellement élu abbé de Lonlai (3), une déclaration par laquelle celui-ci reconnaissait que les religieux de Lonlai ne pouvaient régulièrement procéder à l'élection d'un abbé sans avoir obtenu l'agrément du seigneur de Domfront, dont l'un des prédécesseurs, Yves de Bellème avait fondé leur maison. Par la même charte Gervais déclara que son élection comme abbé ayant eu lieu sans l'accomplissement de cette formalité, les moines avaient dû faire amende au comte de Boulogne, leur seigneur (4). Les religieux firent une déclaration analogue au mois d'octobre de la même année (5).

Au mois de décembre suivant, les forteresses de Mortain et de Lillebonne, que le roi de France avait conservées jusque-là sous

(1) *Ibid.*, n° 321; p. 48. — *Layettes*, t. II, n° 1630. — Les *Positions des thèses, pour obtenir le diplôme d'archiviste-paléographe*, 1887, contiennent un excellent travail de M. Lucien Lazard sur la condition des juifs du domaine royal au XIIIᵉ siècle.

(2) *Ibid.*, n° 326, p. 48.

(3) M. L. Delisle fait observer que Gervais ne figure pas avant 1229 sur la liste des abbés de Lonlai dressée par Hauréau dans le *Gallia christ.*, t XIV, p. 494.

(4) *Inventaire sommaire des Archives du Pas-de-Calais*, A. 26, t. I, p. 13. — *Inventaire des titres d'Artois*, L. 84, vol. 396 de la collection Moreau. Cité par M. L. Delisle, dans ses Recherches sur les comtes de Dammartin (*Ibid.*, p. 194).

(5) *Inventaire sommaire* (*Ibid.*, p. 13).

sa main, furent remises à Philippe, comte de Boulogne, avec cette clause que s'il mourait sans héritier direct, ces places feraient retour à la couronne (1).

Malheureusement, pendant la minorité de saint Louis, Philippe, son oncle, qui aurait dû donner l'exemple du dévouement à la régente, eut le tort d'entrer dans la conspiration des barons contre Blanche de Castille. On lui fit même, dit-on, entrevoir l'espérance de lui mettre sur la tête la couronne de France, espérance qui n'était pas aussi absolument chimérique qu'on pourrait le croire, le jeune roi, contrairement à tous les Capétiens, ses prédécesseurs n'ayant pu être couronné du vivant de son père, surpris par la mort.

M. Blanchetière, dans son mémoire sur *Le château féodal de Domfront*, rapporte précisément à cette époque, c'est-à-dire à l'année 1228, la construction de l'important cours de casemates longeant le fossé qui isolait le château de Domfront. A défaut de preuves écrites, notre savant confrère étaye son opinion sur des considérations dont il est utile de tenir compte. « Philippe Hurepel, dit-il, fit augmenter en 1228 les fortifications de Domfront. On ne peut guère attribuer qu'à cette date et à Hurepel lui-même la construction des casemates. Les besoins de la défense devaient faire sentir depuis longtemps l'utilité de ce surcroît de force. En effet, le côté de l'enceinte du château qui faisait face à la ville était jusqu'alors le moins bien fortifié. »

Cette conjecture n'a rien d'invraisemblable. Toutefois, il ne paraît pas que Domfront ait eu à jouer un rôle dans les opérations militaires auxquelles cette révolte donna lieu. On sait que saint Louis, accompagné de la reine Blanche, sa mère, vint au milieu de l'hiver de l'année 1229, mettre le siège devant Bellême (2), dont la garde avait été confiée, en vertu du traité de Vendôme, à Pierre de Dreux dit Mauclerc, comte de Bretagne, secondé par Robert, comte de Dreux, son frère. On sait aussi que la prise de Bellême fut suivie de celle du château de la Haye-Pesnel dans le Cotentin. La rapidité avec laquelle la régente mena cette campagne et l'énergie avec laquelle elle tint tête aux conjurés ramenèrent enfin le comte de Boulogne a des idées plus conformes à

(1) *Layettes*, t. II, p. 114, n° 1909
(2) Bry de la Clergerie, *Hist. des comtes d'Alençon et du Perche*, p. 244-248. — Guill. de Nangis, *De gestis sancti Ludovici*. — *Chroniques de Saint-Denis*.

son devoir et à ses véritables intérêts. De plus, il ne tarda pas à reconnaître ce qu'il « estoit de çeu et circonvenu par les parens de Robert, conte de Dreux, lesquelz on nommoit lors en France les Robertois, qui lui donnoient espoir le faire roy de France, et bien aperçeut que à eulx et à lui seroit impossible ce faire » (1). Philippe fit sa paix avec la reine Blanche vers le commencement de l'année 1230.

Au mois de mai 1233, il fut choisi comme arbitre de l'accord entre Simon, comte de Ponthieu et Robert Mallet, pour la succession de Robert, comte d'Alençon. La charte de saint Louis, qui contient le texte de cet accord important pour notre histoire fut donnée à Beaumont (2).

Le comte Philippe mourut au milieu de janvier de l'année 1234, probablement le 18 de ce mois, comme l'a établi sur les preuves les plus solides M. L. Delisle. Simon de Lévis, chevalier, et Bernard, abbé de Froimont, furent désignés pour veiller à l'exécution de ses dernières volontés (3).

Au mois de février 1235 (4), Mahaud, comtesse de Boulogne, veuve de Philippe, promit fidélité au roi et s'engagea à ne pas se remarier sans son consentement (5).

Simon de Lévis, et Mathieu de Trie furent alors chargés de faire le partage de ce qui revenait à la comtesse Mahaud, pour son douaire, et de ce qui appartenait au roi, sur les possessions du comte Philippe, en Basse-Normandie. Ces biens furent partagés en trois lots, dont deux, composés de Tinchebrai et de Domfront, furent attribués au roi; le troisième, composé de Mortain, sans la forteresse, échut à la comtesse Mahaud. Dans les deux lots attribués au roi ne sont pas comprises les forteresses de Mortain et de Domfront. A ce dernier lot sont rattachés : Andaine, avec la gruerie et les revenus qui en dépendent (6), le fief d'Hamelin

---

(1) Guill. Fillâtre, la *Toison d'Or*, ms. français 2621, fol. 22. Cité par M. L. Delisle, dans ses Recherches sur les comtes de Dammartin (*Ibid.*, p. 190).

(2) Publié par M. L. Delisle (*Ibid.*, n° 1. Appendice, p. 244).

(3) *Ibid.*, p. 201-204.

(4) Et non pas en 1233, comme l'a imprimé Louis Dubois (*Ibid*, p. 171).

(5) *Layettes*, t. II, p. 281, n° 2335.

(6) Andena cum secretaria et tota valva sua. — Les textes français de l'époque, comme on le verra plus loin, traduisent *secretaria* par *segraierie*, et donnent le nom de *secreeur* à l'agent forestier qui était chargé de l'administration de cette partie du domaine.

Saulcier, le bois Bitout (1), le fief Baudet (2), le fief de Lucé (3),
la terre de Robert le Moine, à Collières (4), le fief de Villenette (5),
l'échoite de Benejot, juif de Domfront, le fief de Bernard de
Chable, la terre de Robert le Moine à Domfront et celle qu'il
possède à Saint-Front-de-Collière, le fief de dame Aveline, le fief
de Champeaux ; Condé, avec le droit d'aide, plus diverses localités dont la détermination est trop incertaine pour que nous
croyons utile d'en donner la nomenclature. Cet acte fut fait à
Rouen, à l'Échiquier de Pâques de l'année 1235, au mois d'avril.
Il fut ratifié par la comtesse Mahaud, qui déclara accepter le lot
qui lui fut assigné (6). Domfront fut donc à cette époque, pendant
quelque temps, réuni au domaine royal.

L'année suivante la comtesse Mahaud se fit autoriser par
Dreux de Mello, seigneur de Mayenne, et par Isabelle, sa femme,
à construire une chaussée pour conduire l'eau à son moulin de
l'Épinai-le-Comte (7), dans l'endroit qui lui conviendrait le
mieux, de la forêt ou de la rivière de Colmont, qui forme la
limite de cette paroisse du côté où elle confine au département de
la Mayenne (8).

Au milieu de l'année 1239 la comtesse se décida à contracter
un second mariage avec Alfonse, frère du roi de Portugal, neveu
de la reine Blanche et compagnon d'enfance de saint Louis. Au
mois d'août de cette année, Alfonse et Mahaud, son épouse,
reconnurent que le roi leur avait accordé le fouage de leurs terres
de Normandie (9).

Dans les conventions du mariage de Jeanne, fille unique de
Philippe Hurepel et de la comtesse Mahaud avec Gaucher de
Châtillon, qui furent arrêtés par Hugues de Châtillon, comte de

(1) Boscus Bistol. Le Bois-Bitout, situé sur le territoire de Saint-Front.

(2) Le fief Baudet, comme on l'a vu, est situé sur le territoire de Saint-Mars-
d'Égrenne.

(3) Lucé, canton de Juvigni-sous-Andaine.

(4) Le texte porte Goheres. Plus bas on voit que le même Robert le Moine avait
possédé une terre apud Sanctum Frontonem Colerie.

(5) Saint-Denis-de-Villenette, canton de Juvigni.

(6) Cartulaire normand, nᵒˢ 412 et 413. — Layettes, II, 287 et 288.

(7) L'Épinai-le-Comte, canton de Passais (Orne).

(8) Inventaire sommaire des archives du Pas-de-Calais, série A, p. 14, art. 6.
— Mém. des Antiq. de Fr. t. XXXI, p. 211 (Recherches sur les comtes de Dammartin).

(9) Ibid., p. 13.

Saint-Paul et de Blois, au mois de décembre 1236, il fut stipulé
que la comtesse conserverait toute sa vie le comté de Clermont-
en-Beauvoisis, le comté d'Aumale, Lillebonne et Alisi, si elle
pouvait le recouvrer, mais que Domfront et ses dépendances, que
tenait alors le roi de France, appartiendraient à Jeanne et à
Gaucher, son futur époux, réserve faite du douaire de la comtesse Mahaud (1). Ce mariage ne tarda pas à être célébré et Gaucher
de Châtillon dut, vers cette époque, être mis en possession de
Domfront. Au mois de juillet 1246, par un acte daté de Paris, il
promit au roi de lui rendre cette place, toutes les fois qu'il en
serait requis « à grant force et à petite, » comme à son seigneur
lige (2).

Gaucher de Châtillon ayant suivi saint Louis à sa première
croisade, à laquelle il prit une part glorieuse, fut tué le 5 avril
1250, dans la fatale retraite où le roi fut fait prisonnier par les
Sarrasins. Il ne laissait pas d'enfants de son mariage avec
Jeanne. Celle-ci figure avec la comtesse Mahaud, sa mère, dans
une charte en faveur de Pierre Achard (3), dont la famille
occupe une si grande place dans l'histoire de Domfront. Jeanne
mourut elle-même au mois de décembre 1251. Sa succession fut
partagée entre ses cousins, le roi saint Louis ; Alfonse, comte
de Poitiers, Charles, comte d'Anjou et Robert, comte d'Artois.

Domfront et le comté de Mortain firent ainsi de nouveau retour
à la couronne.

On sait que saint Louis, dans le voyage qu'il fit en Normandie
en 1256, visita la ville de Domfront. Parti de Paris à la fin de
février il visita successivement Caen, Bayeux, Saint-Lo, Caren-
tan, Valognes, Cherbourg, Périers, Coutances, Avranches, Pon-
torson, Saint-James, Savigni, Mortain, Vire, Tinchebrai, Domfront, Condé-sur-Noireau, Falaise et Sées (4). Partout le saint roi
marqua son passage par des actes de piété et par des bienfaits.
A Domfront, il fit expédier une charte en faveur de l'abbaye de

---

(1) *Cartulaire normand*, n° 1156.

(2) *Ibid.* n° 1174, p. 321. — Blanchetière, *le Donjon de Domfront*.

(3) *Titres de la Maison ducale de Bourbon*, t. II, p. 65, n° 319.

(4) L. Delisle, les voyages de saint Louis en Normandie (*Mém. de la Soc. des
Ant. de Norm.*, 2° série, t. VI). — L'abbé Dumaine, *Tinchebray et sa région*, t. I,
p. 112. — L'abbé Huet, *Hist. de Condé-sur-Noireau*, p. 34.

Savigni et fit divers dons et aumônes portés sur les tablettes de cire de Jehan Sarrasin (1).

Robert II, comte d'Artois, fils de Robert Ier et neveu de saint Louis, ayant été fiancé en 1259, à Amélie de Courtenai, dame de Conches, de Mehun-sur-Yeurre, de Selles-en-Berri, fille et héritière de Pierre de Courtenai, qu'il épousa trois ans après, fut mis alors en possession des biens de sa femme, notamment de la terre de Conches. Lui-même dut constituer à celle-ci un douaire, dont le domaine de Domfront composait une partie. Mais comme il ne put être armé chevalier qu'en 1267, à cause de sa trop grande jeunessse, il est douteux qu'il ait été mis réellement en possession du château de Domfront avant cette époque.

Il paraît du moins établi qu'au mois de mars 1269, ce prince confirma la concession de priviléges faite par Henri II, roi d'Angleterre, à tous ses bourgeois de Domfront, tant à tous ceux qui demeurent dans le château qu'à ceux qui demeurent dehors, et leur accorda quittance de tous droits de coutume dans l'étendue de ses domaines (2).

Il est permis penser que la finance que les bourgeois de Domfront durent acquitter, à cette occasion, vint s'ajouter aux ressources recueillies par le comte d'Artois en vue de la croisade projetée par saint Louis, à laquelle il devait prendre part et pour laquelle il avait obtenu des subsides de ses vassaux dès 1268 (3).

Au mois de décembre 1269 R. (4), abbé de Lonlai et tous ses religieux firent au comte d'Artois une déclaration semblable à celle qu'avait passée en 1226 Gervais, abbé de Lonlai, par laquelle ils reconnaissaient que tout abbé nouvellement élu devait aller le trouver avec des lettres de l'évêque du Mans portant confirmation de son élection, et lui prêter serment de fidélité, selon l'usage (5).

(1) *Cart. Norm.*, n° 553, et la note qui accompagne le texte (p. 101). — V. Pièces justificatives.

(2) *Bull. de la Soc. Hist. de l'Orne*, t. III, p. 339.

(3) V. une lettre de saint Louis, en date du 6 juillet 1268, aux échevins et prévôts des villes et communautés du comte d'Artois, pour les inviter à lui accorder un subside à l'occasion de son prochain départ pour la croisade (*Archives du Pas-de-Calais*, A. 29).

(4) On ne connaissait pas jusqu'ici d'abbé de ce nom à cette époque, M. Sauvage cite, à la date de 1271, Phillippe, comme abbé de Lonlai, inconnu à M. Hauréau, mais sans citer la source d'où il a tiré cette indication (*Notre-Dame de Lonlay*, 1865).

(5) *Inventaire sommaire des Archives du Pas-de-Calais*, série A., art. 18, p. 31.

Nous avons encore à relever, à la date de 1271, le don fait par Robert, comte d'Artois, à son retour de la croisade de Tunis, à Robert dit Papillon, de 30 livres de revenu annuel, à prendre par lui et ses héritiers sur la prévôté de Domfront (1).

A partir de cette époque, le Trésor des chartes d'Artois, analysé d'une façon remarquable par notre collègue M. J.-M. Richard, archiviste du Pas-de-Calais, nous met à même de combler quelques-unes des nombreuses lacunes que présente l'histoire de Domfront au XIIIᵉ siècle. Nous pouvons d'abord donner les noms des six baillis qui, de 1273 à 1302, époque de la mort de Robert II, comte d'Artois, furent chargés de l'administration du domaine de Domfront.

I. Enguerran d'Anvin, chevalier qui, le 8 octobre 1273, reçut du comte d'Artois des lettres de commission pour sa baillie et sa terre de Conches et Domfront. Il est dit dans ces lettres qu'il exercerait ces fonctions tant qu'il plairait au comte (2), et ordre fut donné à tous les vassaux et à tous les officiers du comte de lui obéir.

II. Oudart de Villers. Il signa au mois de décembre 1282, en qualité de « balliff de Danffront, » avec Guillaume Roaut, doyen d'Avranches, chanoine de Paris et plusieurs autres officiers du comte d'Artois, une reconnaissance d'une somme de 570 livres au profit d'un bourgeois de Douai, pour draps vendus par lui au comte d'Artois (3).

III. Jean de Carcassonne. Dans le compte de la terre de Domfront rendu à la Toussaint de l'année 1289, Jean de Carcassonne, bailli de Domfront, porte en recette, pour vente de denrées,

(1) Inventaire d'Alençon, ms. Archives nationales, copie aux Archives de l'Orne, A. 133. — Parmi les officiers du comte d'Artois de 1300 à 1301, nous remarquons le nom de Guillaume Papillon, écuyer (Inventaire sommaire des Archives du Pas-de-Calais, A. 160, 173, p. 175, 186).

(2) Engerran d'Anvin fut chargé des fonctions de bailli dans le comté d'Artois en 1277 (ibid., A. 24, p. 40). — En 1280, il était bailli de Bourbonnais (ibid., A. 122, p. 149).

(3) Inventaire sommaire du Pas-de-Calais (A. 28, p. 45). — Oudart de Villiers fut ensuite chambellan et huissier d'armes du comte d'Artois (ibid., A. 42, p. 67 et passim). — Guillaume Roaut, doyen d'Avranches, figure également dans les comptes de 1285 et de 1292 (A. 31 et A. 133, p. 49 et 154).

fermes et exploits 1280 livres 18 sous. Les dépenses diverses, gages, réparations à la chaussée de l'étang et au château, montent à 431 livres 9 sous 1 denier (1). L'année précédente, Thibaut le Franc, dit Saintis, curé de Sept-Forges, commis ou lieutenant du bailli, avait reconnu être redevable au comte d'Artois de la somme de 1544 livres 18 sous 5 deniers, de la recette du domaine du Domfront (2). Thibaut le Franc était encore lieutenant du bailli de Domfront en 1300 (3).

IV. Guillaume Carbonel, chevalier, bailli de Domfront, rendit également compte de son administration en 1293 (4).

V. Simon de Cinq-Ormes, chevalier, était bailli de Domfront en 1295.

Le 5 août 1299, le comte lui manda qu'il avait appris que l'official du Mans l'avait invité à ôter sa main de la saisine de la maison du curé de Mantilli (canton de Passais), mais qu'il lui ordonnait de maintenir ses droits et de s'enquérir si les biens dudit curé étaient tenus en fief de lui (5).

VI. Robert de Bellebronne, chevalier, bailli de Domfront, reçut le 9 mars 1300, un mandement du comte d'Artois, lui ordonnant de porter en compte 270 livres de petits tournois, remises par son ordre à Bernard Tronquière, pour les dépenses de sa chambre (6). Le compte présenté le 11 juillet 1302 par le même bailli, nous fournit les renseignements les plus précieux sur le château, la ville et le domaine de Domfront à cette époque :

« Compte de la terre de Domfront par Robert de Bellebronne, chevalier, bailli de Domfront, depuis l'Ascension 1302. Recettes :

(1) *Ibid.* (A. 128, p. 151).
(2) *Ibid.*, A. 35, p. 53.
(3) *Ibid.* A 160, p. 123. (Juin 1300). — C'est un nom à ajouter à ceux des curés de Sept-Forges, mentionnés par M. le comte de Beauchêne, dans sa *Notice sur Sept-Forges et ses Seigneurs.*
(4) *Ibid.* (A. 134 p. 155). — Le 8 octobre 1292, le comte manda aux maitres de sa terre d'Artois, de mettre Guillaume Carbonel en possession de son fief de Lucé (*de Lucei*) (*ibid.*, A. 37. p. 58).
(5) *Ibid.*, A. 44, 152, 168 (p. 70, 71). — En 1293, Simon de Cinq-Ormes était capitaine de la marine d'Artois.
(6) *Ibid.*, A. 159, p. 174.

prévôté de Domfront acensée à 300 livres par an, four et moulin
de l'Espinay, domaine et moulin de la Lande, segraierie d'An-
denne, « des juis de Danfront, qui font XL liv. X sols par an,
don il affiert à chascun jour del an VII den. obole; plus XV den.
sous touz les jours del an, pour XLII jours, XXVI sols II den. »
Coupes de bois; « vente de II jumens dou haras, vendues
al abbé de Savigni, XXX liv. » 787 liv. 10 sols, 9 den.
Dépenses : dîmes de la prévôté de Domfront à payer à l'abbé de
Lonlai ; autres dîmes ; gages, frais du haras, fourrages, harnais,
médicaments, réparations aux fours et au château de Domfront,
335 liv. 3 sols 7 den. » (1).

Parmi les autres officiers du comte d'Artois, à Domfront, nous
relevons dans ces comptes, les noms suivants :

Jean Vigier et Jean de Domfront sont cités, dans les comptes
de 1291 et de 1292, comme prévôts de Domfront (2).

Guillot Bardout, de 1299 à 1301, fut portier de la porte de
Normandie, à Domfront (3).

Adenès ou Adam était portier du château de 1299 à 1302 (4).

Jehan « l'agueste del chastel » de Domfront, figure dans les
comptes de 1299 à 1301 (5).

Jules le Vedel, sergent de Domfront et « garde de la geôle des
prisons » fut, le 11 juin 1300, payé en même temps de ses gages
et des fournitures de pain qu'il avait faites aux prisonniers (6).

Parmi les ecclésiastiques qui touchaient des pensions du comte
d'Artois, nous pouvons citer également quelques noms qui appar-
tiennent aux annales Domfrontaises.

Robert II, abbé de Lonlai, qui n'est connu de M. Hauréau
que par sa souscription apposée en 1303, à la sentence rendue
contre le pape Boniface VIII (7), apparaît dès 1299 dans une
quittance, en date du 23 décembre, pour les dîmes de la prévôté

(1) Ibid., A. 179, p. 190.
(2) Ibid., A. 182 (p. 154).
(3) Ibid., A. 153, 174 (p. 469, 186).
(4) Ibid., A. 153, 160, 161, 173 (p. 169, 173, 177, 186, 194).
(5) Ibid., A. 158, 161, 173 (p 169, 177, 186). — « Aguette » ordinairement était
guette ou gaite, signifie veilleur, garde de l'échauguette.
  « Quand la gaite corne le jour. »
                        (Jean de Condé) cité par La Curne de Sainte-Palaye.
(6) Ibid., A. 160 (p. 175).
(7) Gallia christiana, t. XIV, p. 494, c. 2. — H. Sauvage, N.-D. de Lonlai.

de Domfront, des sergenteries des forêts de Drue et d'Andaine et des autres produits de la châtellenie dont la dîme lui appartenait. Le même abbé donna quittance, le 2 juin 1300, de diverses sommes reçues de Simon de Cinq-Ormes, jadis bailli de Domfront, pour les mêmes dîmes, pour celles du bois, vendu, des *porcs forfaits, etc. Gervais Thibaut, religieux et bailli de l'abbaye* de Lonlai, donna à cette dernière date quittance des frais de réception comme moine, de Jean de Paris (1).

Hue, prieur de Notre-Dame de Domfront (Notre-Dame-sur-l'Eure) paraît dans le compte de 1300. En 1302, le titulaire de ce prieuré se nommait Pierre (2).

Dans les comptes de 1300 à 1302, on voit figurer Guillaume de Valognes, chapelain de la chapelle de Sainte-Catherine du château de Domfront (3).

A la même époque, nous rencontrons Jean, chapelain de la Maison-Dieu de Domfront (4).

On peut rapprocher de ces vénérables personnages, frère *Gringoire de Sores, également aux gages du comte en 1300, et* auquel fut, en outre, allouée une aumône de 4 livres, à lui et à son compagnon, lorsqu'ils s'en allèrent » pour estre en hermitaige, vers Danfront » (5).

Il nous semble également que l'on doit rapporter à un personnage du Passais, la pension de 20 livres que le comte faisait à Jean de Lucé (*de Luceto*), professeur ès lois, en 1295 et années suivantes (6).

Les forêts d'Andaine, de Passais, de *Drue* et la *secreerie* de Domfront formaient une portion importante du domaine de cette châtellenie, et nous possédons un certain nombre de documents relatifs à cette branche de l'administration.

En 1292, *le 10 septembre, une enquête fut faite à Domfront par Nicole d'Ytre, chevalier et Pierre Jehan de Sainte-Croix,*

(1) *Archives du Pas-de-Calais*, A. 153 et 160, p. 170, 175. — Gervais Thibout, bailli de Lonlai, figure également dans une quittance du 22 mai 1301 (*ibid.*, A. 173, p. 186.

(2) *Ibid.*, A. 160, 183, p. 175 et 194.

(3) *Ibid.*, A. 160, 172, 184, p. 175, 185, 193.

(4) *Ibid.*, A. 160, 161, 173, p. 175, 177, 186.

(5) *Ibid.*, A. 162, p. 178. — Ce renseignement curieux est a ajouter à ceux que MM. Appert et Challemel ont consignés dans leur opuscule, *l'Hermitage du bois de Flers*. Flers, Lévesque, 1890, in-8°.

(6) *Ibid.*, A. 139, p. 140.

conseillers du comte d'Artois, pour savoir si « chevalier ni escuier, abbeies ne églises ne autre manières de gens ont fourtraité les droitures Monseigneur d'Artois, ne se justice, se flés, se terres, ou autres choses. » Les témoins entendus furent : Thomas Louvel, bourgeois de Domfront; Thibaut, curé de Sept-Forges ; Guillaume d'Ernée ; Gervais de Montchauveau, chevalier ; Michel Hamillon, moine ; Guillaume Gorre, bourgeois, etc. (1).

Le 21 mai 1299, le comte manda de Domfront, à Simon de Cinq-Ormes, bailli de Domfront, de faire remettre à Guillot Moyon et autres, 110 livres d'amende qu'ils avaient payées à Jehan Blondel, verdier de la forêt de Passais, pour avoir mis leurs bêtes « ès prez des moteiz » de la forêt de Passais, son conseil ayant trouvé que cette défense n'avait pas été publiée. Le même jour le comte chargea Colin Godefroy, secreur de la secreerie d'Andaine, de payer, à Garin de Champians, une somme de 40 livres qu'il lui avait prêtées (2).

Le 8 novembre de la même année, remise d'amende fut accordés, en présence de Michel Hamillon, bourgeois de Domfront et de Richard Pâtris, sergent des forêts au comte, aux femmes de Robert et de Guillaume Passi, etc., pour délits forestiers (3).

Enfin, au mois de décembre suivant, un mandement fut adressé au même bailli pour la réception de Jehannot Boileau, comme sergent des forêts de Domfront et pour le payement de ses gages (4).

De 1300 à 1302, nous relevons dans ces comptes un certain nombre de nom d'agents forestiers : Michel d'Avesnes, sergent de la forêt de Passais ; Bernard de Villers et Jean Dubois, verdiers d'Andaine ; Tube et Guillaume de Roissy, verdiers de Passais ou de la forêt de Drue, appelée aussi *Selve-Drue*; Martin de Vyane et Jehannot le Bourguignon, gardes des forêts de Domfront ; Nicaise le Picart, vallet des forêts ; Paris d'Espagne, forestier, etc. (5).

Le dernier acte du comte d'Artois, relatif à ses forêts du

(1) *Ibid.*, A. 37, p. 57. — Monteil, dans son *Traité des matériaux manuscrits*, t. I, p. 4), cite des « comptes de la vente et de l'exploitation des bois de la châtellenie de Domfront des années 1296 et 1299. »
(2) *Ibid.*, A. 44 et 152, p. 70, 168.
(3) *Ibid*, A. 114, p. 71.
(4) *Ibid.*, A. 153, p. 179.
(5) *Ibid.*, A. 160, 173, p. 175, 186.

Passais, est un mandement adressé au bailli de Domfront, le
15 avril 1303, portant ordre de rendre à Raoul de Bazeilles, chevalier, les biens qu'il avait saisis sur lui pour avoir esté en nos
forêts de Passeys *archoier* six ou sept fois, et ayant reconnu son
méfait et s'en étant amendé haut et bas (1).

Quelqu'étendues que fussent les ressources que le comte tirait
des revenus de ses domaines, les gages des officiers, les pensions,
les dépenses de toute sorte et surtout les dépenses imprévues
excédaient parfois les recettes (2), et il dut plus d'une fois recourir
à des emprunts. C'est ainsi qu'en 1281 il fut obligé de donner
assignation des revenus de la ville et châtellenie de Domfront, en
payement de 1578 livres p. empruntées à frère Jehan de *Turno*,
trésorier de la milice du Temple (3). Le 27 janvier 1288, un mandement fut donné au bailli de Domfront de payer, à Jean de
Gusarques, bourgeois de Niort (canton de Lassay, Mayenne),
131 livres p. que le comte lui devait. Au mois de mars suivant, le
doyen du Passais délivra une attestation par laquelle il certifiait
que le même bourgeois de Niort avait été payé de cette somme
par le curé de Sept-Forges, commis à la recette du domaine de
Domfront (4). Le 21 mai 1299, le comte mande à Simon de Cinq-
Ormes, bailli de Domfront, de faire payer par Colin Godefroy,
son bourgeois de Domfront et son secreur de la secreerie de la
forêt d'Andaine, 40 l. que Gorin de Champians, bourgeois de
Domfront lui a prêtées (5).

Les comptes de la baillie de Domfront ne nous ont malheureusement été conservés que pour la fin du XIIIe siècle et le commencement du XIVe. Mais nous avons la preuve que dans ces
dernières années de sa vie, Robert II déploya une grande acti-
vité ; qu'il s'occupa très sérieusement de l'administration de ses
domaines et qu'il affectionnait particulièrement le séjour de
Domfront.

(1) *Ibid.,* A. 46, p. 73. — *Archéor, archoïer,* signifie chasser de l'arc.
(2) Le 1er juillet 1274, Robert II étant à Avignon, prêt à partir pour le royaume
de Naples, dressa l'état de ses dettes dans lequel il reconnaît devoir au roi 51,661
livres, au connétable de France, et un certain nombre de seigneurs, de bourgeois
et de fournisseurs, des sommes relativement considérables qu'il charge ses héritiers de payer, s'il meurt avant de s'être acquitté (*ibid.*, A. 30, p. 37).
(3) *Ibid.,* A. 27, p. 43.
(4) *Ibid.,* A. 31, p. 51, 52.
(5) *Ibid.,* A. 151, p. 168.

Après la mort d'Amélie de Courtenai, sa première femme, il s'était remarié en 1?77, à Agnès de Bourbon, morte elle-même en 1283. Quelques années après il maria son fils Philippe d'Artois, avec Blanche de Bretagne. Le contrat de mariage, conclu dès le mois de juillet 1280 et reconnu par le roi de France renferme des clauses qu'il est nécessaire de faire connaître. Il fut convenu que ce mariage serait « fait et solempnisé dedans la feste de sainct Michel Archange, qui sera l'an MCCLXXXVII, penultiesme jour du mois de septembre. » Le comte d'Artois assigna pour douaire à Jeanne de Bretagne, 1000 livres t. de rente, « et avec ce la tierce partie de toute la terre de Domp'front et aussi de sa terre de Conches et la moytié de toute sa terre de Berry. » De plus il fut accordé que « se led. Philippe mourroit avant led. conte d'Artoys, son père, et laissoit lignée engendrée et née dud. mariage de luy et de lad. Blanche, icelle lignée auroit, a droit de heritaige, lad. terre de Dompfront avec toute l'autre terre appartenant aud. Philippe de la succession de sa mère, sauf à lad. damoiselle son douaire tant comme elle vivroit » (1).

En 1287, aux termes de son contrat de mariage, Philippe d'Artois dut donc être mis en possession d'un tiers des domaines de Conches et de Domfront. Mahaud, sa sœur, mariée en 1291 à Othon IV, comte de Bourgogne, eut en dot le second tiers et le troisième resta au comte Robert II, son père. Plus tard, des difficultés s'étant élevées entre Philippe et Mahaud, le comte Robert fut chargé de les régler comme arbitre. Par un acte daté de Mont-de-Marsan, le 15 septembre 1296, il décida que Mahaud recevrait 600 livrées de terre assignées à Château-Renard, à Cherny et dans la terre que Philippe possédait en Bourgogne et rien de plus, et quant aux points douteux, il les réglerait à son retour en France (2). Philippe étant mort en 1287, laissant un fils mineur, Robert III, né en 1287, cet enfant se trouva, à l'âge de dix ans, héritier de droit de la terre de Domfront qui lui fut adjugée avec les domaines de Conches et de Bourges, plus diverses sommes, par une charte de Philippe-le-Bel donnée à Asnières, le 9 octobre 1309 (3). Les comptes du trésor d'Artois prouvent que Robert II conserva, jusqu'à sa mort, l'administra-

(1) Dom Morice, *Histoire de Bretagne,* preuves, t. I.
(2) *Arch. du Pas-de-Calais,* A. 41.
(3) *Ibid.,* A. 55, p. 15.

tion du domaine de Domfront. On trouve, par exemple, à la date du 3 mars 1301, un mandement adressé par lui à son bailli de Domfront de payer à sa bru, Blanche de Bretagne, le tiers de tous les revenus et levées de la terre de Domfront, depuis la mort de Philippe d'Artois (1).

Remarié en 1298, à Marguerite de Hainaut, Robert II voulut conduire sa jeune femme à Domfront, pendant la belle saison, et y fit un séjour assez prolongé. La présence de cette petite cour apporta nécessairement un peu d'animation dans la capitale du Passais. Nous sommes ainsi amenés à donner quelques détails sur la vie privée du prince qui alors possédait Domfront et sur son entourage immédiat.

Il ne faut pas oublier que le comte d'Artois tenait auprès du roi le rang de prince du sang. Le nombre des officiers et des serviteurs de tout ordre et de tout rang qui composaient sa maison était considérable : chapelains, chambellans, chevaliers, écuyers, pages, sergents d'armes, *physiciens* (médecins), *barbiers* (chirurgiens), écrivains, clercs, messagers, valets de chambre, tailleurs, chaussetiers, maréchaux, valets de palefrois, maîtres queux, valets de cuisine, maîtres sauciers, panetiers, sommeliers, bouteillers, échansons, fruitiers, maîtres de *garros*, fauconniers, veneurs, *trompeurs* (joueurs de trompe), valets des *nacair* (2), *fauconniers* compagnons des perruches, *gorpilleurs* (piqueurs pour la chasse du renard), valets de chiens, etc. (3). Pour que rien n'y manquât, le comte d'Artois avait attaché un fou à sa maison, et sa jeune femme, Marguerite de Hainaut, se faisait suivre de plusieurs nains, habillés à sa livrée, et à l'un desquels elle avait même acheté un poney (4).

La mode des fous et des nains, venue d'Orient et déjà en honneur en France au temps des Carlovingiens, avait pris un

---

(1) *Ibid.*, A. 172, p. 185. — Le 2 avril suivant, Blanche de Bretagne manda, à son tour au bailli de Domfront, de remettre au porteur de ses ordres l'argent prescrit par le comte d'Artois (*ibid.*)

(2) Le 16 mai 1299, le comte étant à Domfront fit au profit de Léon, valet de ses nacaires (timbaliers), une donation de 20 livres de rente viagère à hommage lige, à condition qu'il ne quitterait pas son service (*ibid.*, A. 44, p. 68).

(3) Le 29 octobre 1302, le comte manda à son bailli d'Hesdin de donner à Guillemet de Graveran et à Genfrin, valets de ses chiens, de l'argent pour aller à Domfront (*ibid*, A. 174, p. 186).

(4) *Ibid.*, A. 135, 177 ; « De Jacques de Poissy, pour le cheval dou nain Madame la Contesse, 10 liv. p. » (11 nov. 1300)

grand développement depuis les croisades. Presque tous les rois l'adoptèrent et chaque fois que l'un d'eux voulut s'en affranchir, les chroniqueurs officiels ont soin de le noter. C'est ainsi que nous apprenons que Philippe-Auguste avait chassé les bouffons de sa cour, tandis que Jean Sans-Terre les accueillait avec la plus grande faveur. Nous en avons une preuve dans la charte de l'an 1200, datée de Domfront, par laquelle il créa un fief en faveur de Guillaume Picolf, son fou en titre d'office.

A l'exemple des souverains de son temps, le comte d'Artois avait donc à sa cour un fou, auquel il avait assigné une pension de 20 livres t. sur les revenus du domaine de Domfront. Pourquoi sur le domaine de Domfront plutôt que sur toute autre partie de ses possessions ? C'est ce que les documents ne nous révèlent pas d'une manière positive. Cependant, il est permis de supposer que ce pensionnaire était de ce pays, de même probablement que Guillaume Picolf, fou de Jean Sans-Terre. Domfront aurait-il donc eu le privilége de fournir des fous aux princes du xiiie siècle, privilége qui appartenait exclusivement, dit-on, à la ville de Troyes en Champagne au xive ? Suivant Dreux de Radier, en effet, on conservait dans les archives de la cité troyenne une lettre de Charles V dit le Sage, dans laquelle ce prince marquant aux maires et échevins la mort de son fou, leur ordonnait de lui en envoyer un autre, *suivant la coutume* (1).

Les fonctions de cette singulière charge de cour sont assez difficiles à définir. Suivant Ph. Le Bas « un fou bien appris sautait et gambadait, jouait de la cornemuse, de la trompette et du rebec, savait par cœur des chansons, des lais ou contes joyeux. » La distance qui les sépare des *scurræ, mimi, histriones, thymelici, joculatores, nebulones*, dont on trouve la trace dans Plaute, dans Pétrone, dans Juvénal, dans Apulée, ne paraît pas considérable. J'ajouterai qu'ils semblent se rapprocher singulièrement de cette classe de domestiques qu'on appelait *ministeriales*, en français « ménestrels » et qui, à l'origine, d'après M. Léon Gautier, « furent sans doute ceux des jongleurs attachés en qualité de serfs à la personne des seigneurs ou des princes (2). »

(1) Dreux du Radier, *Récréations hist.*, avec l'*Histoire des fous en titre d'office*, t. I. — Ph. Le Bas, *Dict. encyclopédique de la France*, t. VIII, p. 279.
(2) *Les Epopées françaises*, t. I, p. 349.

En 1286 (17 décembre) nous trouvons une attestation par l'official de Paris, qui déclare qu'en sa présence « Jehan le Chaucier, beau-frère de Jehan dit le Foul, sergent du comte d'Artois, a reçu 20 livres t. pour une année de la pension que le comte lui faisait sur Domfront (1). »

Nous retrouvons les mêmes quittances pour les comptes des années suivantes, notamment dans ceux de 1288 et de 1295, dans lesquels la partie prenante est plus clairement désignée : « Jehan fou *(follus)* du comte d'Artois (2). »

Un compagnon avait été donné à Jean le fou, dans la personne de Pierre « fos ». La quittance donnée par ce dernier le 27 décembre 1300 ne laisse aucun doute sur la nature du service dû par ce nouveau pensionnaire :

> « Ouquel tesmoignage
> Je, qui ne suis pas sage,
> Ai seellée ceste page
> De mon seel à fourmage (3). »

Jean, *le fou, valet du comte figure encore dans les pièces de dépenses de 1301 et de 1302* (4).

Les pièces de dépenses des années 1299 à 1302 nous fournissent quelques détails sur le séjour du comte et de la comtesse d'Artois à Domfront. Le 30 avril 1299, Pierre de Bourges donna quittance à Domfront de la somme de 11 livres 10 s. t. pour façon de robes, surcots et cotes hardées, destinés aux officiers du comte (5). Le 16 mai, *le comte étant à Domfront*, y fit venir les chevaux de Hesdin. Le 20, Gautier de Courtenay, valet du comte et pannetier de la comtesse d'Artois, donna quittance à Maciot de Ruel, clerc de Domfront, de 14 setiers de blé pour l'hôtel de la dite dame. Le 22, Renaud Coignet reconnut avoir reçu du même

---

(1) *Arch. du Pas-de-Calais*, A. 32, p. 50.

(2) *Ibid.*, A. 31, 131, 133, 139.

(3) *Ibid.*, A. 161, p. 177. — Peut-être faut-il compter comme membre de la confrérie Simon Chevrette, histrion *(ystrio)* du feu comte d'Artois, auquel Othon, comte de Bourgogne, et Mahaud, sa femme, assignèrent, le 20 octobre 1302, une rente annuelle de 50 livres. (A. 46, p. 74.)

(4) *Ibid.*, A. 175 et A. 179, p. 187 et 191.

(5) Le 5 novembre 1299 Bartelot de Fontaines, Garsie de Navarre, Martin de Viane, Paris d'Espaigne et Pierre Cenche reconnurent avoir reçu de Simon de Cinc-Ormes, bailli de Domfront, 9 livres pour leur « chaucement ». (*Ibid.*, A. 153, p. 169). — Le 6 juillet 1301, le comte manda à son bailli de Domfront de donner 40 sous à Jehan « le fosséeur », pour une robe. (*Ibid.*, A. 174, p. 186.)

Maciot, « pour paier les despens de Monseigneur et de Madame faiz à Domfront, de la veille de Pasques ou les environs par tout le tens ensievant, jusques au xxᵉ jour de may (1). »

A la date du 18 juillet de l'année 1300, on trouva une attestation qui nous apprend que Robert de Bellebrune, bailli de Domfront, avait remis à André de Grigny, valet de la cuisine, 72 bœufs et 97 moutons, valant les bœufs 251 livres petits tournois et les moutons 45 livres 16 s. (2).

Le séjour du comte d'Artois à Domfront en 1301 est attesté par un mandement par lequel il ordonna, le 29 octobre de cette année, de donner à Guillemet de Graveran et à Genfrin, valets de ses chiens, l'argent nécessaire pour se rendre à Domfront. On voit aussi par là, ce que nous savions déjà, que le comte aimait à chasser dans les forêts de Domfront (3).

Au printemps de l'année 1302, Robert II visita une dernière fois le pays de Domfront, où il séjourna du 16 au 27 mars (4), et y laissa des marques de sa bienfaisance, car on trouve dans les comptes de son hôtel, à l'article des dons et grâces : « Le xxviiᵉ jour de mars à Domfront, à I femme sote de Lespinay, lesquiex monseigneur li fist donner IIII s. (5). »

Quoique le comte d'Artois ait peut-être un peu trop sacrifié aux goûts frivoles en honneur parmi les princes de son temps, particulièrement en Italie et en Sicile où il avait longtemps séjourné, il n'en eut pas moins la réputation d'être un des hommes de guerre les plus remarquables de son siècle. Comme son père, comme son fils Philippe d'Artois, il mourut au champ d'honneur, le 11 juillet 1302, à la bataille de Courtrai. Il consacrait tous les ans des sommes importantes à la mise en état de défense de ses places fortes de l'Artois. Quant au château de Domfront, n'ayant pas d'attaques à redouter de ce côté, il se borna à y faire exécuter des travaux d'entretien et de consolidation.

(1) *Ibid.*, A. 151, p. 167, 168.
(2) *Ibid.*, A. 161, p. 176. — Le 6 décembre de la même année, Thibaut Le Franc, curé de Sept-Forges, Guillaume d'Ernier, prévôt de Domfront, Garin de Champiaus, Michel du Bois, Guillaume Rousse, etc., donnèrent quittances de diverses sommes qu'ils avaient reçues du bailli de Domfront pour la vente de « leur bœuf et de leur chartris. » (*Ibid.*)
(3) *Ibid.*, A. 174, p. 186.
(4) *Ibid.*, A. 179, p. 130.
(5) *Ibid.*, A. 178, p. 189.

On a vu plus haut qu'en 1289 le bailli de Domfront avait employé 431 livres en dépenses diverses, gages d'officiers, réparations à la chaussée de l'étang et au château. Le compte de l'année 1300 nous fait connaître que Robin et Denis du Fougeray furent alors chargés de l'exécution de travaux de maçonnerie au pont du château, au mur de la ville et à la chaussée du vivier. Un sieur Guérin, charpentier, bourgeois de Domfront, fut aussi chargé de faire des ouvrages en bois au donjon et au pont de Domfront (1). En 1302 quelques réparations furent également faites au château de Domfront.

Le comte d'Artois avait à ses gages des ingénieurs, des « maistres de garros », des « artilleurs d'arbalestes » et, parmi ces derniers, nous distinguons « Jehan de Domfront, l'artilleur, » lequel fut payé de ses gages en 1296 (2).

Le goût des chevaux était une des conséquences du système militaire de l'époque. Le comte d'Artois paraît s'être vivement préoccupé de l'amélioration des races dans ses diverses possessions. En 1298 il avait payé à Donat de Velico, marchand de Florence, 296 livres petits tournois, pour l'achat et le voyage de trois chevaux (3), un destrier et deux roussins. Le 16 mai 1299, étant à Domfront, le comte fit mander à Tube, son valet, d'aller chercher ses chevaux à Hesdin et lui fit donner 40 livres pour son voyage (4).

On a vu plus haut que, dans le compte de 1302, figure une somme de trente livres, provenant de la vente de deux juments du haras du comte d'Artois, achetées par l'abbé de Savigni, et que l'entretien de ce haras figure parmi les dépenses du bailli de Domfront (5). Le compte de l'année 1301 nous apprend que Thomas de Monchehourt (peut-être Montchauveau), était garde du haras du comte d'Artois à Domfront, et l'on voit figurer dans le même compte Huet Picart, « garde des jumenz du comte d'Artois (6). » La même année, une somme de quatre livres fut consacrée « pour mener III des grans chevaux monseigneur à Domfront, pour saillir les jumens (7). Le 25 mars 1302, une

(1) Ibid., A. 137, p. 177.
(2) Ibid., A. 140, p. 160.
(3) Ibid., A. 2, 145, p. 6 et 164.
(4) Ibid., A. 151, p. 168.
(5) Ibid., A. 179, p. 190.
(6) Ibid., A. 173, p. 186.
(7) Ibid., A. 106, p. 181.

somme de 20 livres fut payée à Jean Sansducrens, chapelain du
comte, chanoine du Mans, pour prix de deux juments, « pour
croistre le haraz Mgr d'Artois » (1).

L'établissement à Domfront d'un haras dont les produits
étaient recherchés par les meilleurs établissements agricoles de
la région voisine du Cotentin, est un témoignage de plus à
ajouter à tous ceux que M. Léopold Delisle a consignés dans son
ouvrage sur l'agriculture normande au moyen-âge, qu'il faut
toujours citer. Mais l'introduction dans ce haras d'étalons bou-
lonnais, dans le but d'améliorer la race des chevaux du pays, est
un fait nouveau qui mérite peut-être de fixer l'attention des
hommes compétents et qui, en tous cas, avait droit à une place
dans les annales Domfrontaises.

L'énumération longue et minutieuse de faits d'inégale importance que je viens de dérouler sous vos yeux semble comporter
un résumé, et tout résumé implique nécessairement une conclu-
sion. Or, l'un des maîtres de la critique moderne des plus auto-
risés, déclare que l'historien doit simplement exposer les faits et
surtout se garder de jamais conclure. L'absolu d'ailleurs n'est
pas de ce monde. C'est sous le bénéfice de ces réserves que je me
hasarde à vous soumettre les appréciations suivantes :

Nos grands pères ont maudit la féodalité, dont ils ont trop
connu les abus; cependant c'est à ce régime abhorré que Domfront, de même qu'une foule de villes du moyen-âge, doit son
origine. La petite révolution communale de 1091, qui valut à ses
habitants la conquête de certains privilèges de bourgeoisie et qui
leur assura un puissant protecteur dans la personne du roi d'Angleterre, fut pour Domfront le point de départ d'une ère de pro-
grès. Il est incontestable que les séjours fréquents que Henri Ier,
Henri II, Richard Cœur-de-Lion, la reine Aliénor, Jean Sans-
Terre firent à Domfront, les grandes réunions qui y eurent lieu
à cette occasion, contribuèrent à apporter quelqu'aisance dans
cette ville.

Avec la conquête qui les fit passer sous la domination française
et dont, d'ailleurs, ils ne paraissent pas avoir eu à subir de dom-

(1) Ibid., A. 183. — Dans le même mois, le bailly de Domfront avait reçu ordre
de payer 20 livres à Bernard de Vilers, « pour le restor d'un cheval qu'il rendit à son
escurie au tans de la guerre de Flandres. » — Archives du Pas-de-Calais, A. 183.

mages matériels, les bourgeois perdirent la liberté communale
que lour avait concédée Jean Sans-Terre. Mais ils y trouvèrent
peut-être une compensation dans une administration plus régu-
lière, qui se faisait également respecter de tous et sous laquelle
les juifs eux-mêmes purent se maintenir à Domfront dans une
situation au-dessus de l'aisance, jusqu'au xive siècle. Philippe-
Auguste et saint Louis visitèrent cette ville; mais la présence
fréquente du comte d'Artois Robert II, attiré à Domfront
par la beauté du site, par le voisinage de vastes forêts riches
en gibier, passionné pour la chasse et habitué à s'entourer d'une
suite nombreuse, fut véritablement pour tout le pays une source
de prospérité. Malheur seulement au gentilhomme qui se hasar-
dait à aller chasser à l'arc dans ses forêts. Dénoncé par les gardes,
il était traduit devant le verdier, qui le condamnait impitoyable-
ment à l'amende. Mais cette sévérité même n'était pas faite pour
déplaire au simple peuple, qui acceptait dès lors sans se plaindre
les amendes infligées pour délits forestiers ou autres, amendes
que le comte, d'ailleurs, remettait fréquemment.

A cette époque, regardée encore comme barbare par certaines
personnes qui n'en ont vu que les mauvais côtés, on trouve
établie l'institution du jury en matière civile, et nous voyons le
fils d'un simple paysan des environs de Domfront, parvenir par
son mérite et aidé par les bienfaits du comte d'Artois, aux fonctions de professeur de droit civil et canonique. Sous le gouverne-
ment paternel de Robert II, qui posséda Domfront pendant
près de quarante ans, le Tiers-État s'élevait peu à peu. Grâce
aux encouragements que ce seigneur donnait à l'agriculture (1), aux soins qu'il prenait personnellement pour perfection-
ner la race des chevaux du pays, au moyen de croisements intelli-
gents, les paysans comme les bourgeois voyaient leur condition s'a-
méliorer progressivement et l'augmentation générale de la popula-
tion qui eut lieu à cette époque est la meilleure preuve d'un état
prospère, aussi bien au point de vue matériel qu'au point de vue
moral. On sait comment cette situation fut compromise par la
fatale guerre de Cent-Ans. La collection de documents que

(1) Le 6 décembre 1300, Thibault le Franc, « personne » de Sept-Forges, Guillaume
d'Ernée, prévôt de Domfront, Garin de Champiaux, maître Michel du Bois, Guillaume Rousil, etc. donnèrent quittance pour diverses sommes, reçues du bailli de
Domfront « pour la vente de leurs bœufs et de leur chastris. » (Ibid. A. 161. p. 177).

M. Sauvage a publiés sur cette période désastreuse forme la suite et la contre-partie de ceux que j'ai rassemblés et coordonnés, avec tout le soin dont j'ai été capable, mais non sans me dissimuler que mon travail présente encore de nombreuses lacunes sur lesquelles j'appelle l'attention de nos confrères du Passais, en réclamant leur indulgence.

NOTES ET PIÈCES JUSTIFICATIVES

I

Faut-il voir un souvenir des Sarrasins de Domfront dans les *Trous des Sarrasins* qu'on nous signale sur le territoire de Mantilli ? (Renseignement communiqué par M. Florentin Loriot). Nous n'osons nous prononcer sur ce point. Ce qui est certain, c'est que l'on voit par les comptes de la baillie de Domfront que, vers la fin du XIIIᵉ siècle, une jeune fille, appartenant à la race mauresque que l'on confondait alors avec celle des Sarrasins ou Arabes, s'étant fait instruire dans la religion chrétienne, eut pour parrain le comte d'Artois, Robert II qui lui donna le nom de Roberde et lui assura une pension qu'elle continua de toucher après sa mort.

Le 4 juin 1300, Roberte *la More*, filleule du comte d'Artois, fut payée de ses gages par Thibaut le Franc, curé de Sept-Forges, lieutenant du bailli de Domfront et lui donna quittance. Dans les comptes de l'année 1304 on trouve un article ainsi conçu : « Pour les gages Roberte, qui fut sarrasine, VI d. par jour, XLVI sous VI d. »

(Archives du Pas-de-Calais, A 160, 161, 196.)

II

Certains historiens anglais ont prétendu que le chancelier d'Angleterre aurait fait fabriquer la lettre apocryphe du Vieux de la Montagne, en vue du débat contradictoire soutenu par le roi en 1193, devant la diète de Worms. Cette opinion a été combattue, par M. L. Boivin-Champeaux, dans son excellente *Notice sur Guillaume de Long-Champ*. Quoi qu'il en soit Augustin Thierry, d'accord avec les chroniqueurs français, place positivement la production de cette fameuse lettre en l'année 1195, et dit qu'au moment d'entrer en guerre contre le roi de France, Richard Cœur-de-Lion en fit expédier des copies aux diverses cours, dans le but de ramener l'opinion publique en sa faveur, ce qui lui réussit admirablement.

III

(4 Septembre 1226).

Omnibus presentes litteras inspecturis, Romanus, miseratione divina, Sancti Angeli diaconus cardinalis, Apostolice sedis legatus, salutem ni Domino. Veniens ad nos frater Gervasius Beate Marie de Lumleio abbas recognovit coram nobis, pro se et conventu suo, quod mortuo vel deposito abbate eorum, non possunt neque debent eligere, donec prius mors vel depositio abbatis domino Dunnefrontis nuncietur et ab eo prius eligendi licentia postuletur, et quia non requisito nobili viro, Philippo videlicet; comite Bolonie, tum Dunnefrontis domino, dictum Gervasium in abbatem suum elegerunt, ei emendaverunt. Datum in castris ante Avinionem, II nonas septembris, anno Domini, Mº CCº XXº sexto.

(Archives du Pas-de-Calais, A 6.)

IV

(Octobre 1226.)

Universis presentem paginam inspecturis, unanimis Beate Marie de Lonleio conventus, salutem in eo a quo omnis salus, Universitatem vestram volumus non latere quod nos, mortuo vel deposito abbate nostro, non possumus nec debemus eligere, nisi prius mors vel depositio ipsius domino Domnifrontis nuncietur et ab ipso prius eligendi licentia postuletur. Et quia, non requisito nobili nostro, Philippo videlicet, comite Bolonie, tunc Dumnifrontis domino, dominum Gervasium honestum virum et religiosum elegimus in abbatem nostrum, ei emendavimus, et, ne ipsa electio in ejus prejudicium vel ejus heredum in posterum verti posset, dicto nobili Philippo presentes dedimus litteras sigilli nostri capitulo roboratas. Actum apud Lonleium, anno Domini Mo CCo XXo sexto, mense octobris.

(Ibid, A 6.)

V

(Décembre 1269.)

Universis presentes litteras inspecturis R. humilis abbas monasterii Beate Marie de Lonleyo, Cenomanensis diocesis, ordinis Sancti Benedicti et ejusdem loci conventus, eternam in Domino salutem. Noverint universi quod nos recognovimus et recognoscimus quod quicumque quod de novo in nostro monasterio de cetero abbas fuerit electus, post electionem de ipso canonice factam et a diocesiano suo episcopo, vel ab alio vice ipsius rite confirmatam, quam cicius commode poterit, cum litteris dicti episcopi Cenomanensis, seu alterius vices ipsius gerentis, de predictis facientibus mentionem, tenetur accedere ad egregium et nobilem virum comitem Attrebatensem, dominum de Dampnofronte et castellanie loci ejusdem, seu ad heredes et successores ejusdem, dominos Dampnifrontis, facturus fidelitatem eisdem, prout est de jure et consuetudine observatum hactenus faciendum. In hujus autem rei testimonium et memoriam presentibus litteris sigilla nostra duximus apponenda. Datum apud Dampmunifrontem, de communi assensu omnium, anno Domini Mo CCo LXo nono, mense decembri.

(Ibid. A 17.)

La copie de ces trois pièces m'a été communiquée par M. de Martonne, archiviste de la Mayenne.

VI

Voici, d'après les comptes de Jean Sarrasin, le relevé des dépenses faites par saint Louis pendant son séjour dans la Basse-Normandie, depuis Pâques (27 avril), jusqu'à la fin de mai 1256.

Cameraria. — Morteul VIII l. XVIII s. — Danfront C s. — Castrum Viré X l. — Condé XX l. — Fallese C s.

Dona. — Gueta de Danfront XXXII s.

Elemosina. — Filiæ Dei de Mans, apud Danfront, per fratrem G. de Moreteul, per elemosinarium IIIIxx l. — Elemosina facta per regem C. pauperibus X lib. a Trenchebray. — Elemosina facta per manum regis a Fallese, die veneris post octabas Paschæ, X l.

(Historiens de France, T. XXI, p. 286-336.)